A Sucessão *Causa Mortis* na Sociedade Limitada

TUTELA DA EMPRESA, DOS SÓCIOS E DE TERCEIROS

CB031700

1274

S587s   Silveira, Marco Antonio Karam

A sucessão *causa mortis* na sociedade limitada: tutela da empresa, dos sócios e de terceiros / Marco Antonio Karam Silveira. – Porto Alegre: Livraria do Advogado Editora, 2009.

148 p.; 23 cm.

ISBN 978-85-7348-637-7

1. Sociedade por quotas de responsabilidade limitada. 2. Sociedade comercial: Direito das sucessões. 3. Sociedade por quotas de responsabilidade limitada: Transmissão *causa mortis*. I. Título.

CDU – 347.724

Índices para catálogo sistemático:

Sociedade comercial: Direito das sucessões	347.72
Sociedade por quotas de responsabilidade limitada	347.724
Sociedade por quotas de responsabilidade limitada: Transmissão *causa mortis*	347.724

(Bibliotecária responsável: Marta Roberto, CRB-10/652)

MARCO ANTONIO KARAM SILVEIRA

A Sucessão *Causa Mortis* na Sociedade Limitada

TUTELA DA EMPRESA, DOS SÓCIOS E DE TERCEIROS

livraria
DO ADVOGADO
editora

Porto Alegre, 2009

Capa, projeto gráfico e diagramação
Livraria do Advogado Editora

Revisão
Rosane Marques Borba

Direitos desta edição reservados por
Livraria do Advogado Editora Ltda.
Rua Riachuelo, 1338
90010-273 Porto Alegre RS
Fone/fax: 0800-51-7522
editora@livrariadoadvogado.com.br
www.doadvogado.com.br

Impresso no Brasil / Printed in Brazil

"A nós, de imensa ventura, que tempo nos resta?
Somente a Morte conhece o que somos, e apura o que
tem sempre a lucrar pelo que nos empresta".

RILKE, Rainer Maria
in Sonetos a Orfeu, XXIV/2.

Prefácio

Com grande satisfação e sumamente honrada atendo à solicitação de Marco Antonio Karam Silveira, meu dileto aluno, para prefaciar a obra que traz à lume sua dissertação de mestrado, elaborada sob minha orientação e examinada por uma banca composta pelos professores doutores Peter Walter Ashton, Ruy Portanova e Giselda Novaes Hironaka, esta última da USP.

A escolha da banca examinadora foi pensada tendo em vista as características do tema, pois abrange o direito societário, o direito de família e as sucessões. Desta sorte, a banca foi composta por um comercialista, o professor Ashton, o desembargador Ruy Portanova, há anos jurisdicionando na área do Direito de Família, e uma especialista em Direito das Sucessões, a doutora Giselda Hironaka. A dissertação mereceu a nota máxima, com nota de louvor e recomendação de publicação.

O tema escolhido pelo Autor não poderia ser mais atual, "A Sucessão *Causa Mortis* na Sociedade Limitada: Tutela da Empresa, dos Sócios e de Terceiros".

Com efeito, a publicação do novo Código Civil em 2002, diploma que unificou as obrigações civis e comerciais, trouxe uma série de modificações no referente às sucessões e albergou em seu texto disposições provindas da Constituição, no referente à união estável, por exemplo, suscitando não poucas dúvidas, em relação à interpretação do texto do Livro de Família, sobretudo quando confrontadas, na prática, a questões de um e outro universo, a um só tempo.

Pois foi esta a parcela da realidade quotidiana que despertou o interesse do Autor, como tema de sua dissertação de Mestrado, no nosso programa de pós-graduação em direito, da UFRGS.

Seguindo a sistemática já consagrada por nosso Programa, nitidamente influenciada pela metodologia francesa, tão cara aos antigos Mestres, com destaque para o professor Clóvis do Couto e Silva e a própria orientadora da dissertação, o estudo, precedido por uma introdução, foi dividido em duas partes, tendo a primeira como título "A Transmissão *Causa Mortis* da Participação Societária do Sócio na Sociedade Limitada com Previsão no Contrato Social" e a segunda, intitulada "A Transmissão *Causa Mortis* da Participação Societária do Sócio na Sociedade Limitada na Omissão do Contrato Social". Fica desde logo evidente a intenção do Autor de estabelecer duas situações bem distintas, bem de acordo com o plano francês, onde estão presentes, ora um antecedente e um consequente, ora um aspecto positivo e outro negativo, ora um aspecto geral de um problema e outro, particular, e assim por diante.

Escolhido o plano, o Autor tratou de construir uma espécie de "cenário", onde seria apresentada a sua obra. Estruturou o trabalho num alicerce, intitulado "Pressupostos teóricos", onde analisa a pessoa, o patrimônio, a sucessão *mortis causa* e a transmissão patrimonial.

A temática da Sociedade Limitada como sociedade de pessoas ou de capital e as normas específicas da sucessão *causa mortis*, na sociedade limitada, merecem uma especial atenção do Autor, pois é neste tipo societário que irá traçar as linhas definidoras de seu trabalho, ou seja, a elaboração de uma solução para um problema frequente na prática, o da transmissão *causa mortis* da participação societária do sócio, regulada pelo contrato social, onde enfoca a aplicação do regramento específico do inciso I do artigo 1.028 do Código Civil.

Como não poderia deixar de ser, tendo em vista a questão relativa à sucessão do sócio, o Autor expõe as disposições do contrato social no referente à aquisição da posição de sócio pelos herdeiros e ingresso no quadro societário. Neste passo, estabelece a distinção entre herdeiros que ingressam na sociedade e herdeiros que permanecem fora da sociedade, conforme as previsões contratuais a respeito. Dentro da mesma linha, aborda a questão tormentosa do ingresso do cônjuge, ou companheiro, na sociedade.

O Autor trás ainda, nesta primeira parte, a apresentação de outras facetas do problema da sucessão do sócio na limitada, como a sociedade entre pai e filhos, por exemplo. O direito ao valor das quotas sociais é igualmente objeto de interessantes reflexões.

Um dos temas mais relevantes tratados pelo Autor nesta parte é o da relação entre o as cláusulas do testamento e as do contrato social, onde são analisadas questões cruciais, como as possibilidades e os limites de exclusão de quotas, via testamento, aos herdeiros em geral ou em relação a apenas alguns deles. Com relação à utilização do negócio jurídico testamento, para evitar litígios entre os descendentes do sócio com os demais sócios, e dos seus herdeiros entre si, deve ser referida aqui, a título de comentário, *en passant*, a nossa conhecida tradição visigótica, contrária à prática de testar ou de prever as consequências jurídicas da morte.

Passando a segunda parte do estudo, o Autor expõe soluções para os problemas advindos da transmissão *causa mortis* da participação societária do sócio na sociedade limitada na omissão do contrato social.

As soluções propostas são valiosas, pois fornecem ferramentas adequadas ao intérprete e ao aplicador, face a problemas tão intricados como este da sucessão *causa mortis*, do sócio, na limitada, face à omissão do contrato social, situação amiúde ocorrente entre nós.

No referente às fontes bibliográficas consultadas e referenciadas pelo Autor, deve ser mencionada, com ênfase, a sua atualidade e adequação ao tema, constituindo excelente fonte de consulta para os demais pesquisadores e para os aplicadores do direito, que assim terão, a sua disposição, um importante instrumento de trabalho.

A leitura da obra é muito agradável, mercê de seu estilo, elegante, mas sóbrio, de modo que o leitor segue muito bem o pensamento do Autor.

Ao finalizar estas breves palavras introdutórias, quero felicitar o Autor e a sua Editora, a nossa prestigiosa Livraria do Advogado, pela publicação da dissertação de mestrado deste jovem talento, augurando-lhe e a sua editora, grande sucesso e reconhecimento do público dedicado ao tema, constituído, certamente, por operadores na área jurídica (doutrinadores, advogados, juízes e promotores), mas, também, por outros segmentos profissionais, como contadores, administradores de sociedades e tabeliães.

Porto Alegre, 2009

Véra Maria Jacob de Fradera

Sumário

Introdução

A morte traz consequências jurídicas.[1] A produção material e intelectual da pessoa humana em sua existência, entre elas os direitos imanentes às quotas sociais da sociedade limitada, não se apaga com a morte, mas passa a integrar uma massa patrimonial, com destinação determinada pelo direito privado.

Esta obra tem o escopo de sistematizar a transferência das quotas sociais do sócio na sociedade limitada, em decorrência de sua morte, aos seus herdeiros legítimos e testamentários. O critério de sistematização é a existência, ou inexistência (omissão), de previsão no contrato de sociedade acerca das consequências da morte de um dos sócios, previsão essa relativa ao destino de suas quotas sociais, tomando por base a sua dupla perspectiva: direito patrimonial e direito pessoal. O cerne do estudo leva em consideração duplo comando normativo: um específico, próprio do direito de empresa, tratado no artigo 1.028 do Código Civil brasileiro de 2002 (Código Civil); e outro genérico, relativo ao direito sucessório, abordado no artigo 1.784 (*droit de saisine*) também do Código Civil.[2] O tema suscita o estudo da importância das previsões do contrato de sociedade na

---

[1] Em palestra realizada no dia 25 de outubro de 2006, em Brasília/DF, na IV Jornada de Direito Civil, o Ministro MOREIRA ALVES proferiu conferência inaugural, tendo como tema *Os efeitos jurídicos da morte*. Nessa palestra, o Ministro Moreira Alves trata da morte real (natural) e da morte ficta (presumida), fixando os critérios atuais de aferição da ausência, nos casos de morte presumida, e os demais efeitos da morte *lato sensu*, dentre eles os efeitos patrimoniais decorrentes da sucessão (cópia em DVD, obtida junto à Secretaria de Comunicação Social do Superior Tribunal de Justiça).

[2] A propósito, optou-se pela transcrição dos textos legais mais relevantes. Tal opção se deve, tanto pela importância naquilo que realmente confere a leitura da lei, como pela novidade da edição do Código Civil. Por igual, não se pode perder de vista que o trabalho transita entre dois campos distintos do direito material: da empresa e das sucessões, com as inevitáveis repercussões no direito de família. E, ainda, incursiona no direito processual, apontando os instrumentos – tutela jurisdicional – para a concretização da tutela dos direitos aqui expostos.

dimensão do direito sucessório, quanto à transmissão *causa mortis* das quotas sociais do sócio, tratada amiúde de forma particularizada e estanque pelo direito de empresa.

A leitura das normas do direito de empresa, em razão da unificação do Direito Privado,[3] para além das peculiaridades e especificidades próprias, deve conjugar as lições da doutrina civil e as determinações da lei. Por sua vez, as normas de direito sucessório também devem sofrer o influxo das particularidades do direito de empresa. Isso redunda em analisar as repercussões da morte do sócio no direito de empresa sob a ótica de seus princípios e regras próprias e das normas de direito civil, de modo a bem definir o exato campo de incidência de umas e de outras.

Vale dizer, o trabalho está centrado, nesse particular, na tutela normativa que o Estado outorga às situações jurídico-pessoais e jurídico-patrimoniais em tema de empresa e sucessão.

Em prestígio à exigência de embasamento doutrinário sólido, e em tudo relacionado com o tema central da obra, de rigor a abordagem introdutória da noção jurídica de pessoa, personalidade e patrimônio – institutos da teoria geral do direito –, analisando seus elementos e liames mútuos, e a transmissão desse patrimônio pela saisina, instituto central do direito das sucessões. As quotas sociais da sociedade limitada integram o patrimônio do sócio. Com a morte, esse patrimônio, integrado pelas quotas sociais, transmite-se, regra geral, e desde logo, aos herdeiros pela saisina. O artigo 91 do Código

---

[3] O movimento unificador, entre nós, deve-se a Teixeira de Freitas. Na Itália, Cesare Vivante, em aula inaugural proferida em 1892 na Faculdade de Bolonha, deflagrou movimento pela unificação do direito privado, retratando-se dessa posição anos mais tarde. A unificação, todavia, influenciou decisivamente a elaboração do *Codice Civile* de 1942, modelo legislativo adotado pelo Código Civil brasileiro de 2002. Miguel Reale, na Exposição de Motivos do novo Código Civil, esclarece: "Não há, pois, que falar em unificação do Direito Privado a não ser em suas matrizes, isto é, com referência aos institutos básicos, pois nada impede que do tronco comum se alonguem e se desdobrem, sem se desprenderem, ramos normativos específicos, que, com aquelas matrizes, continuam a compor o sistema científico do Direito Civil ou Comercial. Como foi dito com relação ao Código Civil italiano de 1942, a unificação do Direito Civil e do Direito Comercial, no campo das obrigações, é de alcance legislativo, e não doutrinário, sem afetar a autonomia daquelas disciplinas. No caso do Anteprojeto ora apresentado, tal autonomia ainda mais se preserva, pela adoção da 'técnica da legislação aditiva', onde e quando julgada conveniente". A expressão "unificação do Direito Privado" representa a unificação das obrigações de índole privada e comercial. Túlio Ascarelli lembra que a "unificação realizou-se no âmbito do direito das obrigações, conservando-se por outro lado um estatuto especial para os empresários, e mesmo para os médios e grandes empresários comerciais, e as sociedades comerciais" (ASCARELLI, Túlio. O desenvolvimento histórico do direito comercial e o significado da unificação do Direito Privado. Tradução Fábio Konder Comparato. *Revista de Direito Mercantil*, São Paulo, n. 114, p. 237-252, 1999).

Civil define como universalidade de direito o patrimônio de uma pessoa.[4] Com a morte, o patrimônio do *de cujus* – universalidade de direito – deixa de existir como tal e passa a denominar-se espólio, também universalidade de direito. É a herança. A transmissão do patrimônio do morto é regida pelo artigo 1.784 do Código Civil,[5] repetindo disposição do artigo 1.572 do revogado Código Civil de 1916, que mantém no nosso sistema jurídico o princípio da saisina.

As regras do direito de empresa, nesse particular, contêm disposições paralelas às do direito sucessório, abrindo flanco à regulação dessa transmissão mediante previsão no contrato de sociedade. Portanto, de rigor sejam expostas algumas lições básicas da ideia de pessoa, personalidade e da concepção jurídica de patrimônio, como universalidade de direito, e sua transmissão pela saisina, de forma a estabelecer a relação entre as normas genéricas do direito sucessório e a normatização específica do direito de empresa.

Ainda, para a formação de base firme ao estudo, o aprofundamento no tema provoca e requer o exame da conceituação, origem e localização da sociedade limitada na atual classificação das sociedades, além do exame de sua estrutura e conformação interna. Não pode prescindir, ainda, e sobretudo, da abordagem do capital social e das quotas sociais, em seu duplo aspecto (direito patrimonial e direito pessoal), além dos temas como o princípio preservativo da empresa, a conformação interna do vínculo societário (pessoal ou de capital) e o regime jurídico a que se subordinam os sócios, alcançando o contrato de sociedade, em sua ampla margem de regramento.

A opção pelo estudo com foco na sociedade limitada funda-se na ampla utilização desse tipo societário para o desate de empreendimentos empresariais (e não empresariais), dada a ampla margem de constituição e conformação interna que pode ser dada à sociedade, servindo para pequenos, médios e grandes empreendimentos.

---

[4] O teor do dispositivo diz: "Art. 91. Constitui universalidade de direito o complexo de relações jurídicas, de uma pessoa, dotadas de valor econômico".

[5] O artigo tem o seguinte conteúdo: "Art. 1.784. Aberta a sucessão, a herança transmite-se, desde logo, aos herdeiros legítimos e testamentários". O texto do artigo 1.784 do CC de 2002 retirou a expressão "domínio e posse" presente no artigo 1.572 do CC de 1916, que dizia: "Art. 1.572. Aberta a sucessão, o domínio e a posse da herança transmitem-se, desde logo, aos herdeiros legítimos e testamentários". A supressão foi de melhor técnica, porque a transmissão da herança engloba, no nosso sistema – *droit de saisine* –, o domínio e posse dos bens, direitos e obrigações, sendo redundante falar em transmissão do domínio e posse da herança.

O direito civil disciplina a maior parte da série de consequências jurídicas do fim da personalidade humana. Primordialmente regida pelas regras do direito das sucessões, a morte transfere direitos e obrigações, em posições ativas e passivas. A transferência das relações jurídicas do morto pode ser vista no direito das obrigações (na esfera contratual e extracontratual) e nos direitos reais (com implicações na posse, na propriedade, nos direitos reais de gozo e garantia). Tem reflexos, ainda, e especificamente a serem tratados nesse trabalho, no direito de empresa, notadamente com a morte do sócio na sociedade limitada, cujo regramento deve ser conjugado com as normas gerais de sucessão. E, ainda, repercute no direito de família, no que ele representa para o direito sucessório, tratado sob o aspecto das consequências do direito hereditário dos filhos, do cônjuge e da companheira, ante a norma geral do *droit de saisine*. Por fim, tem notada influência no direito processual civil, tendo em conta que as formas de tutelas do direito dependem, para efetiva viabilização e concretização, da existência e adequada compreensão das técnicas processuais pré-dispostas no Código de Processo Civil.

Para o direito de empresa importa saber qual o efeito da morte do sócio no complexo de relações jurídicas formadas pelo trato dos negócios sociais, em uma sociedade limitada, que tanto pode formar-se com base em relação societária de cunho pessoal, com forte presença do caráter *intuitu personae*, como em uma sociedade de capital, no denominado *intuitu pecuniae*. Releva conhecer, ainda, pelo prisma de regência normativa, os regimes jurídicos a que fica submetida a sociedade limitada, tomando-se em consideração o regramento da sociedade simples, modo subsidiário, ou da sociedade limitada, ou, ainda, pelo contrato social.

Especificamente no caso de transmissão *causa mortis* de quotas da sociedade limitada, a normatização do artigo 1.028 do CC[6] deixa aberta a porta para outras formas e modos de transmissão. Para além de restringir o âmbito de incidência da regra geral de direito sucessório, limitando princípios e regras do direito das sucessões, o inciso I do artigo 1.028 do CC traz, pela autonomia da matéria, e autonomia da vontade dos sócios, plasmada no contrato de sociedade, regras e princípios próprios do direito de empresa. Exemplos disso

---

[6] "Art. 1.028. No caso de morte de sócio, liquidar-se-á sua quota, salvo: I – se o contrato dispuser diferentemente; II – se os sócios remanescentes optarem pela dissolução da sociedade; III – se, por acordo com os herdeiros, regular-se a substituição do sócio falecido."

Marco Antonio Karam Silveira

são vistos no interesse social imanente à função social atribuída aos contratos, no qual se insere o contrato de sociedade, e à empresa, de modo genérico, por sua atividade.

Antes da entrada em vigor do Código Civil de 2002, a matéria era tratada pelos artigos 1.399, inciso IV, e 1.402 do Código Civil de 1916, repetindo materialmente o que já dispunha o artigo 335, 4º, do Código Comercial de 1850 (CCom).[7] Do Decreto nº 3.708, de 10 de janeiro de 1919, norma de regência das sociedades limitadas até então, já se extraía da redação dos artigos 6º e 7º,[8] que a sociedade não se dissolvia com a morte de um dos sócios, e os herdeiros ingressavam na condição de sócios, conforme sustentava a doutrina.[9]

Nas disposições pretéritas, como hoje, permitia-se a continuidade da empresa nas mãos dos herdeiros do sócio falecido, desde que prevista no contrato social a cláusula de continuação. Hoje, diferentemente de ontem, a morte do sócio, na omissão do contrato social, não implica dissolução da empresa.

---

[7] O inciso IV do artigo 1.399 previa a dissolução da sociedade em caso de morte de um dos sócios, o teor do artigo, *in verbis*: "Art. 1.399. Dissolve-se a sociedade: IV – pela falência, incapacidade, ou morte de um dos sócios; Parágrafo único. Os ns. II, IV e V não se aplicam às sociedades de fins não econômicos". Contudo, o artigo 1.402 previa a possibilidade de estipular-se a continuidade da sociedade em caso de morte, nos seguintes termos: "Art. 1.402. É lícito estipular que, morto um dos sócios, continue a sociedade com os herdeiros, ou só com os associados sobrevivos. Neste segundo caso, o herdeiro do falecido terá direito à partilha do que houver, quando ele faleceu, mas não participará nos lucros e perdas ulteriores, que não forem conseqüência direta de atos anteriores ao falecimento". No mesmo sentido, o artigo 335, 4º, do CCom já dizia: "Art. 335 – As sociedades reputam-se dissolvidas: 4 – Pela morte de um dos sócios, salvo convenção em contrário a respeito dos que sobreviverem".

[8] "Art. 6º Devem exercer em commum os direitos respectivos os co-propietários da quota indivisa, que designarão entre si um que os represente no exercicio dos direitos de socio. Na falta desse representante, os actos praticados pela sociedade em relação a qualquer um co-propietarios produzem effeitos contra todos, inclusive quanto aos herdeiros dos socios. Os co-propietarios da quota indivisa respondem solidariamente pelas prestações que faltarem para completar o pagamento da mesma quota" e "Art. 7º Em qualquer caso do art. 289 do Codigo Commercial poderão os outros socios preferir a exclusão do socio remisso. Sendo impossivel cobrar amigavelmente do socio, seus herdeiros ou successores a somma devida pelas suas quotas ou preferindo a sua exclusão, poderão os outros socios tomar a si as quotas annulladas ou transferi-las a estranhos, pagando ao proprietario primitivo as entradas por elle realizadas, deduzindo os juros da móra e mais prestações estabelecidas no contracto e as despesas."

[9] LUCENA, José Waldecy. *Das sociedades limitadas*. Rio de Janeiro: Renovar, 2005, p. 354; PONTES DE MIRANDA, Francisco Cavalcante. *Tratado de direito privado*. 3. ed. Rio de Janeiro: Borsoi, 1972, v. 49, § 5.245-6, p. 421; TEIXEIRA, Egberto Lacerda. *Das sociedades por quotas de responsabilidade limitada*. São Paulo: Max Limonad, 1956, p. 53; PEIXOTO, Carlos Fulgêncio da Cunha. *A sociedade por cotas de responsabilidade limitada*. 2. ed. Rio de Janeiro: Forense, 1958. v. 1. n. 250, p. 222. Hernani Estrella desenvolve excelente histórico da origem, conformação e conseqüência da cláusula de continuação (ESTRELLA, Hernani. *Apuração dos haveres de sócio*. 4. ed. atualizada por Roberto Papini, de acordo com o Código Civil de 2002. Rio de Janeiro: Forense, 2004, p. 09-66).

A redação do inciso I do artigo 1.028 do Código Civil permite a regulação pelos sócios, sob a égide da autonomia da vontade, das consequências da morte de um deles, sob o domínio das regras do direito de empresa, conjugada com as normas do direito sucessório.

Assim se apresenta a importância de previsão no contrato social para regular em detalhes o destino das quotas sociais em caso de morte, sempre sob seu duplo aspecto, um relacionado ao *status socii*, e, o outro, ao pecuniário.

Esta obra está estruturada em duas partes. A primeira analisa a sucessão *causa mortis* do sócio com previsão no contrato social, acerca do destino das quotas sociais, com base na conjugação das regras do direito de empresa e do direito sucessório.

O contrato social pode conter previsão dos efeitos da morte do sócio em relação ao destino das quotas sociais, em seu aspecto pessoal, com ingresso dos herdeiros no quadro societário e consequente aquisição do *status socii*. Pode, ainda, dispor quanto ao aspecto patrimonial, com a denominada dissolução parcial da sociedade, e consequente apuração de haveres aos herdeiros. Ambas as disposições do contrato de sociedade, com eficácia para além da morte de um dos sócios, possuem desdobramentos que requerem exame de seu conteúdo, extensão e efeitos.

A segunda parte trata da transmissão das quotas sociais do sócio falecido na omissão do contrato social, tomando por base as regras gerais do direito sucessório.[10]

A ausência de estipulação contratual prévia – omissão do contrato social – leva, num primeiro momento, à aplicação do princípio da *saisine* (saisina), positivado no artigo 1.784 do Código Civil, com liquidação das quotas sociais e apuração dos haveres dos herdeiros do sócio falecido. Essa consequência pode, contudo, ser afastada ou mitigada por disposição posterior entre os sócios remanescentes e os herdeiros do sócio falecido para substituição deste.

Nesse contexto, a omissão ou as previsões do contrato social acerca do destino das quotas sociais do sócio falecido terão repercussões no direito de empresa e no direito sucessório, com as limitações, extensões e efeitos previstos no ordenamento jurídico. Para

---

[10] A relevância da interação existente entre direito sucessório e direito empresarial no tocante a transmissão das quotas na sociedade limitada revela-se em problemas práticos da *sucessão*, bem mencionados por LUCENA, *Das sociedades...*, p. 29.

tanto, parece-nos adequado sistematizar as hipóteses (limitações e extensões) e seus desdobramentos (efeitos), diante da omissão ou previsão no contrato de sociedade quanto ao destino das quotas sociais do sócio falecido.

É a isso que a presente obra se propõe, ressaltando-se a inovação na apresentação do tema. Tanto e muito se escreveu e escreve-se a respeito da dissolução parcial da sociedade, em caso de morte de um dos sócios, no restrito âmbito do direito de empresa, como também dos efeitos sucessórios atinentes a morte da pessoa humana. Ambos os ramos, contudo, parecem negar, aqui e ali, a evidente conexão entre os dois campos do direito, traduzidos em problemas concretos que não se esgotam em um único e exclusivo ramo do ordenamento jurídico, mas transbordam em vários outros, por reflexo da riqueza da vida de relação.

1. A transmissão *causa mortis* da participação societária do sócio na sociedade limitada com previsão no contrato social

1.1. Pressupostos teóricos – pessoa, patrimônio, sucessão *mortis causa* e transmissão patrimonial

O patrimônio tem existência a partir da personalidade. O nascimento com vida da pessoa natural, balizada pela primeira troca oxicarbônica,[11] estabelece o início da personalidade humana, de acordo com o artigo 2º do CC.[12] A personalidade se extingue com a morte, na dicção da primeira parte[13] do artigo 6º do CC, e do artigo 3º da Lei nº 9.434/97, denominada Lei dos Transplantes, que estabelece que a morte da pessoa natural ocorre com a morte encefálica.[14] Além da morte dita natural, há, ainda, a morte ficta ou presumida, com ou

---

[11] PEREIRA, Caio Mário da Silva. *Instituições de direito civil*. 16. ed. Rio de Janeiro: Forense, 1994, v. 1, p. 146.

[12] "Art. 2º A personalidade civil da pessoa começa do nascimento com vida; mas a lei põe a salvo , desde a concepção, os direitos do nascituro".

[13] "Art. 6º A existência da pessoa natural termina com a morte."

[14] "Art. 3º A retirada *post mortem* de tecidos, órgãos ou partes do corpo humano destinados a transplante ou tratamento deverá ser precedida de diagnóstico de morte encefálica, constatada e registrada por dois médicos não participantes das equipes de remoção e transplante, mediante a utilização de critérios clínicos e tecnológicos definidos por resolução do Conselho Federal de Medicina". A prova da morte é feita por documento: atestado de óbito, registrado no cartório de registro civil, conforme artigo 9º, inciso I do CC, e artigo 77 da Lei dos Registros Públicos.

sem decretação de ausência, regulada nos artigos 6º, segunda parte, e 7º,[15] ambos do CC.

O fim da personalidade humana implica fim do patrimônio, denominado como tal, transmutando-se em massa de bens em prol dos herdeiros do *de cujus*. As quotas sociais do sócio falecido, integrantes do patrimônio deixado, seguem, deste modo, a regra geral, passando a integrar o patrimônio dos herdeiros.

A regra geral da transmissão do patrimônio em razão da morte está positivada no artigo 1.784 do CC (princípio da saisina), de seguinte teor

> Art. 1.784. Aberta a sucessão, a herança transmite-se, desde logo, aos herdeiros legítimos e testamentários.[16]

Da mesma forma que a noção de propriedade e posse em sua análise objetiva ou subjetiva embasa os direitos reais, e que a noção de relação jurídica obrigacional (vínculo) funda o direito das obrigações, a *saisine* baliza o direito sucessório. De um lado, impede que o patrimônio do morto fique sem representação, e por outro, garante que os herdeiros, representantes desse patrimônio, defendam os bens e assumam as obrigações dele constantes.

Todavia, dada a especificidade do conteúdo das quotas sociais e o regramento específico do direito de empresa quanto ao fim da personalidade do sócio, nem sempre a regra geral será aplicada plenamente aos casos de sucessão *causa mortis* do sócio na sociedade limitada. Paralelo ao regramento próprio imposto pelo direito de empresa nos casos de morte do sócio, as quotas sociais também possuem características peculiares, afetando igualmente a sua trans-

---

[15] "Art. 6º A existência da pessoa natural termina com a morte; presume-se esta, quanto aos ausentes, nos casos em que a lei autoriza a abertura de sucessão definitiva".
"Art. 7º Pode ser declarada a morte presumida, sem decretação de ausência: I – se for extremamente provável a morte de quem estava em perigo de vida; II – se alguém, desaparecido em campanha ou feito prisioneiro, não for encontrado até dois anos após o término da guerra. Parágrafo único. A declaração da morte presumida, nesses casos, somente poderá ser requerida depois de esgotadas as buscas e averiguações, devendo a sentença fixar a data provável do falecimento".

[16] A saisina opera efeitos tanto aos herdeiros legítimos, como testamentários (PONTES DE MIRANDA, Francisco Cavalcanti. *Tratado de direito privado*. Rio de Janeiro: Borsoi, 1965. v. 50, §5.648, p. 11). A saisina não opera efeitos em relação aos legatários. Para imitirem-se na posse do bem legado é necessária a busca da tutela jurisdicional específica, quais sejam as ações possessórias (ação de reintegração na posse, p. ex.), conforme DIFINI, Luiz Felipe Silveira. Direito de 'saisine'. *Revista da AJURIS*, Porto Alegre, v. 16, n. 45, p. 245-252, nov., 1989, p. 249, e PONTES DE MIRANDA, Francisco Cavalcanti. *Tratado de direito privado*. 3. ed. Rio de Janeiro: Borsoi, 1972. v. 57, §5.780-1, p. 230-231.

Marco Antonio Karam Silveira

missão *causa mortis*. São ao mesmo tempo integrantes do patrimônio da pessoa jurídica formada e integrante do patrimônio do sócio falecido, além de possuírem dupla significação, podendo-se delas extrair-se o *status* de sócio de quem as detêm, ou retirar-lhes mero efeito pecuniário, correspondente ao seu valor monetário. As peculiaridades serão devidamente deduzidas, impondo-se prefacialmente os aspectos genéricos do direito sucessório.

Como ensina a teoria clássica, o patrimônio do morto não pode ficar sem titular. Por isso, a *saisine* transmite o patrimônio do morto aos herdeiros legítimos e testamentários. Não se diga que a transmissão do patrimônio acaba por representar dualidade patrimonial aos herdeiros, que ficariam com seu patrimônio e com a parcela que lhes caberia no patrimônio do morto. A transmissão do patrimônio, como um todo a cada um dos herdeiros, é situação transitória até que se opere a partilha, com o objetivo de que os bens, direitos e obrigações do "patrimônio" do morto não fiquem desvinculados da personalidade humana.[17] Isso acentua o liame necessário entre pessoa e patrimônio, ao contrário de afastá-lo.

Quanto às pessoas jurídicas, também se verifica a ligação entre sua personalidade e seu patrimônio. Para "nascer" e adquirir personalidade jurídica, a pessoa jurídica[18] deve inscrever seus atos constitutivos, conforme determinam os artigos 45 e 985 do CC.[19] Somente com o registro a pessoa jurídica passa a ter personalidade e pode ter patrimônio próprio, distinto dos integrantes que a compõem, conforme também se constata da leitura *a contrario sensu* do artigo 50 do CC.[20] Sem a inscrição no registro, a pessoa jurídica não tem personalidade e, por consequência, não tem patrimônio próprio, responden-

---

[17] MARINONI, Luiz Guilherme; MITIDIERO, Daniel. *Código de Processo Civil Comentado*, p. 875 e seguintes.

[18] Para uma síntese acerca do estudo da natureza e teorias da pessoa jurídica, ver PEREIRA, *Instituições...*, v. 1, p. 189-195. Também, obrigatória a consulta a Norberto da Costa Caruso Mac-Donald, em importante e consistente estudo acerca da pessoa jurídica (MAC-DONALD, Norberto da Costa Caruso. Pessoa jurídica: questões clássicas e atuais (abuso – sociedade unipessoal – contratualismo). *Revista da Faculdade de Direito da Universidade Federal do Rio Grande do Sul*, Porto Alegre, v. 22. Porto Alegre, p. 300-376, set. 2002).

[19] "Art. 45. Começa a existência legal das pessoas jurídicas de direito privado com a inscrição do ato constitutivo no respectivo registro..." e "Art. 985. A sociedade adquire personalidade jurídica com a inscrição, no registro próprio e na forma da lei, dos seus atos constitutivos (arts. 45 e 1.150)."

[20] "Art. 50. Em caso de abuso da personalidade jurídica, caracterizado pelo desvio de finalidade, ou pela confusão patrimonial, pode o juiz decidir, a requerimento da parte, ou do Ministério Público quando lhe couber intervir no processo, que os efeitos de certas e determinadas

do os sócios pelas dívidas da sociedade, nos exatos termos do artigo 990 do CC, tal assim denominada "em comum", conforme artigo 986 também do CC.[21]

Para Waldemar Ferreira, a contribuição dos sócios para a formação do patrimônio da sociedade, diverso do patrimônio dos membros que a compõem, "acarreta importantíssimas consequências, somente explicáveis pela teoria da personalidade jurídica".[22]

Com a dissolução da pessoa jurídica, em qualquer de suas formas (contratual, consenso entre os sócios, ausência de pluralidade de sócios, cassação de autorização estatal e falência, se empresária), seu patrimônio também é liquidado.[23]

Portanto, o fim da personalidade da pessoa natural[24] implica transmissão da massa de bens, direitos e obrigações, integrantes de seu patrimônio, aos seus sucessores. A dissolução da pessoa jurídica

---

relações de obrigações sejam estendidos aos bens particulares dos administradores ou sócios da pessoa jurídica."

[21] "Art. 986. Enquanto não inscritos os atos constitutivos, reger-se-á a sociedade, exceto por ações em organização, pelo disposto neste Capítulo, observadas, subsidiariamente e no que com ele forem compatíveis, as normas da sociedade simples" e "Art. 990. Todos os sócios respondem solidária e ilimitadamente pelas obrigações sociais, excluído do benefício de ordem, previsto no art. 1.024, aquele que contratou pela sociedade."

[22] FERREIRA, Waldemar Martins. *Instituições de direito comercial*. 4. ed. São Paulo: Max Limonad, 1954. v. 1, item 216, p. 283.

[23] Na lição de Egberto Lacerda Teixeira, "as sociedades mercantis, dotadas de existência distinta da dos seus membros, nascem, vivem, crescem e morrem. A morte, contudo, salvo casos esporádicos de desenlace fulminante, representa um longo e complexo processo de aniquilamento da empresa – a dissolução". E ressalta, que "a personalidade jurídica não desaparece com a dissolução, mas permanece com a adição da cláusula 'em liquidação' ao nome" (TEIXEIRA, *Das sociedades...*, p. 341). José Edwaldo Tavares Borba afirma que o "conceito de pessoa jurídica foi construído à imagem e semelhança do conceito de pessoa física" (...) "a sociedade é dotada de personalidade jurídica tal como o homem o é" (BORBA, José Edwaldo Tavares. *Direito societário*. 9. ed. rev., aum. e atual. Rio de Janeiro: Renovar, 2004, p. 31-32). Waldemar Ferreira, citando lição de Teixeira de Freitas, conclui peremptoriamente a similaridade da pessoa jurídica com a pessoa física ao dizer: "a sociedade constituía pessoa distinta dos sócios, que a compõem", acrescentando que "essa doutrina é sã. A união dos interesses faz da sociedade uma abstração, um ser jurídico distinto dos associados, que nasce, adquire, contrata, tem seu patrimônio, suas dívidas, suas ações, seus direitos, seu domicílio particular, comparece em juízo, aciona e defende-se; enfim, vive e se extingue, como uma pessoa física. Esta doutrina é de todos os jurisconsultos". Bom que se diga, como o faz Waldemar Ferreira, que a contundência da afirmativa justificava-se na incerteza, à época, da existência de personalidade jurídica das sociedades (FERREIRA, op. cit., v. 1, item 218-II, p. 288-289).

[24] Rosa Maria Barreto Borriello de Andrade Nery afirma que o mais importante efeito jurídico da morte é o de cessar a personalidade e desencadear a sucessão (NERY, Rosa Maria Barreto Borriello de Andrade. Aspectos da sucessão legítima. In: FRANCIULLI NETO, Domingos; MENDES, Gilmar Ferreira; MARTINS FILHO, Ives Gandra da Silva (Coord.) *O novo Código Civil*: estudos em homenagem ao Professor Miguel Reale. São Paulo: LTr, 2003, p. 1369).

---

importa na liquidação de seu patrimônio. Tal aspecto impõe demonstrar a relação existente entre pessoa e patrimônio, e a futura transmissão deste, de acordo com os dois regramentos mencionados.

1.1.1. Pessoa e patrimônio

A análise da concepção jurídica de patrimônio é de fundamental importância para a compreensão do tema central deste trabalho, porque é o patrimônio da pessoa do sócio na sociedade limitada, notadamente a parte integrada pelas quotas sociais, que será transmitido aos herdeiros legítimos e testamentários pelo direito de saisina.

Destarte, de rigor seja examinado no que se constitui o patrimônio, em sua concepção jurídica, demonstrando seus elementos integrantes, dentre os quais se destacam, para este trabalho, as quotas do sócio da sociedade limitada. Alerta-se, de logo, que as concepções jurídicas de patrimônio, em suas duas principais teorias a seguir expostas, para além de deduzir os elementos que o compõem, centram o estudo, os debates e as controvérsias no liame existente entre pessoa e patrimônio.[25] Ou seja, entre o necessário vínculo existente entre personalidade e existência de patrimônio. Entrementes, conquanto a abordagem também revele o aspecto de ligação entre personalidade e patrimônio, centraremos a atenção em seus elementos constitutivos, dado que o tema central assim o exige.

Pessoa[26] e patrimônio são figuras centrais nas relações de Direito Privado.[27] A relação entre pessoas, envolvendo bens, direitos e obrigações, é o fundamento dessas relações. Não pode haver dúvida, especialmente na contemporaneidade, de que a pessoa assume especial preponderância sobre os bens de conteúdo ou caráter

---

[25] MARCONDES, Sylvio. *Problemas de direito mercantil*. São Paulo: Max Limonad, 1970, p. 67-99.

[26] A origem etimológica do vocábulo "pessoa" está na expressão latina *persona*, "que significava a máscara, usada no teatro, para cobrir o rosto dos atores, provida de lâminas metálicas na cobertura ajustável aos lábios, de modo a tornar-lhes a voz mais sonora (*per sonare*)" (Ibid., p. 42).

[27] Não é por acaso que a estrutura dos Códigos, baseados no jusracionalismo, inicia com uma Parte Geral em que se estruturam os pilares do Direito – pessoas, coisas e negócio jurídico. Nas lições de Hattenhauer, "la respuesta correcta sería que la parte general ofrece una exposición de aquellos conceptos superiores de los que dimanan todos los demás enunciados del Derecho Civil" (HATTENHAUER, Hans. *Conceptos fundamentales del derecho civil:* introducción histórico-dogmática. Barcelona: Ariel Derecho, 1987, p. 14). Para mais, ver também ALVES, José Carlos Moreira. *A parte geral do projeto de Código Civil brasileiro*. São Paulo: Saraiva, 1986.

patrimonial, e é bom e esperado que assim seja. Afinal, a pessoa é fundamento da existência,[28] da vida, da sociedade, da cultura e do Direito.[29]

Nesse passo, o tema da teoria jurídica do patrimônio traz discussão de enorme importância prática para o direito civil, com repercussões nos demais campos do direito, especialmente no direito sucessório e no direito de empresa, no que toca à transmissão *causa mortis* das quotas sociais da sociedade limitada, integrantes do patrimônio do sócio.

A noção jurídica de patrimônio, que permeia o direito brasileiro contemporâneo, tem origem na civilística clássica. Mesmo com as críticas e exceções sofridas ao longo da História, o cerne da noção clássica de patrimônio, ainda que com temperamentos, tem estado sempre presente.[30]

A teoria clássica do patrimônio tem sua gênese na Alemanha, com Zachariae.[31] O professor da Universidade de Heildelberg realizou estudo a respeito do Código Civil francês, surgindo pela primeira vez a noção de patrimônio. As ideias do autor alemão tiveram forte influência em Aubry e Rau.[32]

---

[28] Na lição de Judith Martins-Costa "a marca do Direito Civil em nossa época é a maior consideração à pessoa: mais do que constituir um conjunto de regras voltadas, primordialmente, ao ter e ao agir, nós descobrimos – num verdadeiro giro antropocêntrico – que a pessoa, o ser, está no coração do Direito Civil" (MARTINS-COSTA, Judith. O adimplemento e o inadimplemento das obrigações do novo Código Civil e o seu sentido ético solidarista. In: FRANCIULLI NETO, Domingos; MENDES, Gilmar Ferreira; MARTINS FILHO, Ives Gandra da Silva (Coord.) *O novo Código Civil*: estudos em homenagem ao Professor Miguel Reale. São Paulo: LTR, 2003, p. 331).

[29] Para mais acerca da centralidade da pessoa no Código Civil de 2002, ver MARTINS-COSTA, Judith; BRANCO, Gerson Luiz Carlos. *Diretrizes teóricas do novo Código Civil brasileiro*. São Paulo: Saraiva, 2002.

[30] A dificuldade do tema reside em que os Códigos Modernos oitocentistas não trouxeram, à exceção do Código Civil argentino, um conceito de patrimônio. Mas é certo, contudo, que está subjacente nas legislações atuais dos países de direito continental, em maior ou menor grau, a ideia personalista de Aubry e Rau. O artigo 2.312 do Código Vélez Sarsfield traz o conceito: "El conjunto de los bienes de una persona constituye su patrimônio". Conquanto o conceito de patrimônio do Código Civil Argentino esteja inserido no Livro III, que trata dos Direitos Reais, é possível extrair que o conceito se aplica a todos os direitos patrimoniais de que trata o Código. A posição topológica, embora não siga a melhor técnica, não vincula o patrimônio apenas aos Direitos Reais, como se tem a impressão em um primeiro momento.

[31] Karl Salomo Zachariae Von Lingenthal. Handbuch des französischen Rechts. hrsg. von August Anschutz, Heidelberg, apud NORONHA, Fernando. Patrimônio especiais: sem titular, autônomos e coletivos. *Revista dos Tribunais*, São Paulo, n. 747, 1998, p. 16.

[32] Essa influência já vem expressa no próprio título da obra de AUBRY, Charles Marie Barbe Antoine; RAU, Frédéric Charles. *Droit civil français d'après la méthode de zacharie*. Paris: Librairies de La Cour de Cassation, 1917, v. 9.

Para Aubry e Rau, o patrimônio é o conjunto de bens, presentes e futuros de uma pessoa, formando uma universalidade de direito.[33] A ideia central da noção clássica é de que o patrimônio é a emanação da personalidade. Assim, não se pode dissociar patrimônio de personalidade.

Extrai-se, deste modo, que não há pessoa sem patrimônio para o direito, e que não há patrimônio sem pessoa, pois o patrimônio é uma emanação da personalidade. Nasce com a pessoa, acompanha-a pela vida, e extingue-se com ela. Patrimônio e personalidade para a civilística clássica são indissociáveis.

Assim, patrimônio, segundo a civilística clássica, é o conjunto de bens móveis, imóveis ou semoventes, corpóreos ou incorpóreos, presentes ou futuros,[34] pertencentes a uma pessoa, assim como as suas obrigações, o que corresponde ao ativo (bens e direitos) e passivo patrimonial (obrigações). Trazendo as lições de Aubry e Rau para a atualidade, uma casa (bem imóvel corpóreo) é elemento do patrimônio; um automóvel ou uma máquina (bem móvel corpóreo) é integrante do patrimônio; uma nota promissória (direito de crédito incorpóreo) é elemento do patrimônio do credor, em seu aspecto ativo, e também integrante do patrimônio do devedor, no lado passivo; uma dívida fundada em contrato ou ato ilícito (direito de crédito ou débito, ou obrigação) é parte integrante do patrimônio de uma pessoa; assim como a quota social de uma sociedade limitada é bem patrimonial.

Em outras palavras, o conjunto de bens e de obrigações de uma determinada pessoa natural ou jurídica, considerado como um todo, e, por esta razão, uma universalidade,[35] constitui o patrimônio.

---

[33] AUBRY, Charles Marie Barbe Antoine; RAU, Frédéric Charles. *Droit civil français d'après la méthode de zacharie.* Paris: Libraires de La Cour de Cassation, 1917, v. 9, p. 333.

[34] Bens futuros podem ser considerados os *emptio spei* e os *emptio rei sperate*, os quais têm por fonte a esperança, como a loteria, por exemplo, e os que são esperados, *v. g.*, a colheita de safra futura, respectivamente. Os bens futuros são os bens que se possa adquirir. É o poder e a potência de adquirir bens, traduzida na palavra alemã *Vermögen.*

[35] Os bens são classificados como singulares e coletivos. Os singulares se dividem em simples e compostos. Contudo, possuem a "mesma condição jurídica". Os bens coletivos (*universitates rerum*) são o conjunto de bens considerados como uma unidade, ou conjunto. Essa unidade, ou universalidade, pode ser de fato ou de direito. Aquelas podem ser consideradas como "agregado de coisas corpóreas, como o rebanho, o armazém, a biblioteca (...)". Estas correspondem a "unidade abstrata de coisas e direitos" (BEVILÁQUA, Clóvis. *Teoria geral do direito civil.* 2. ed. Rio de Janeiro: Francisco Alves Editora, 1976, p. 186-187). A ideia de universalidade vem também na lição os irmãos Mazeaud: "L'ensemble des droits et des obligations d'une personne s'intégre dans son patrimoine. Le patrimoine est lê contenant de ces droits et

Do postulado de que o patrimônio está vinculado à personalidade extraem-se três corolários, expostos por Aubry e Rau:[36] (i) não há pessoa sem patrimônio, nem patrimônio sem pessoa; (ii) o patrimônio é único (unicidade patrimonial) e; (iii) o patrimônio é indivisível (indivisibilidade patrimonial).

Assim, somente pessoas físicas ou morais podem ter patrimônio. E apenas um patrimônio. Toda pessoa tem, necessariamente, um patrimônio ainda que ela não possua bem algum atualmente. Por definição, a mesma pessoa não pode ter mais que um patrimônio.

O patrimônio, como a personalidade humana, é uno e indivisível.

Nesse passo, na ocorrência da morte, dado o fim da personalidade, o patrimônio deixa de existir como tal e transforma-se em uma massa de bens, direitos e obrigações denominada herança, cujo destino é o patrimônio dos herdeiros.

Decorrência da regra da intransmissibilidade do patrimônio como um todo, lição da doutrina clássica, presente no artigo 548 do CC, a transmissão do patrimônio por inteiro, por ato *inter vivos*, é juridicamente impossível.[37] É possível em vida, alienar ou doar bens integrantes do patrimônio, singularmente considerados, mas não é possível a destituição integral dos elementos que o compõem, de modo universal. Não é possível juridicamente a alienação *inter vivos* do patrimônio, nem dos seus elementos ativo e passivo, porque a ninguém é dado destituir-se da personalidade. A personalidade é

---

obligations" (MAZEAUD, Henri; MAZEAUD, Jean. *Leçons de droit civil*. Paris: Montchrestien, 1955. v. 1, p. 309). Jacques Ghestin faz bem a diferenciação entre universalidade de fato e universalidade de direito: "Universalité de droit: le patrimoine réunit à la fois des droits et des dettes; il comporte un actif et un passif inséparables l'un de l'autre. Par là, il se distingue des universalités de fait qui correspondent à des ensembles de choses ou de droits sans passif correspondant, comme c'est le cas pour une bibliothéque, un troupeau ou, en droit français, le fonds de commerce" (GHESTIN, Jacques; GOUBEAUX, Gilles. *Traité de droit civil*: introduction générale. Paris: LG.DF, 1977, p. 143-144).

[36] "Le patrimonie étant une émanacion de la personnalité, et l'expression de la puissance juridique dont une personne se trouve invetie comme telle, il en résulte: que les personnes physiques ou morales peuvent seules avoir un patrimoine; que toute personenne a nécessairement un patrimoine, alors même qu'elle ne posséderait actuellment aucun bien; que la même personne ne peut avoir qu'un seul patrimoine, das le sens propre du mot" (AUBRY; RAU, *Droit civil...*, v. 9, p. 335-336)

[37] A regra está presente no artigo 548 do CC, que diz: "É nula a doação de todos os bens sem reserva de parte, ou renda suficiente para a subsistência do doador".

inalienável. O patrimônio, porque emanação da personalidade, também o é.

Contudo, o patrimônio é transmissível, como um todo, *causa mortis*. A transmissibilidade, vale dizer, enquanto universalidade do patrimônio a causa de morte, é também consequência de sua vinculação à personalidade. O *de cujus*, porque não mais existe, não mais tem patrimônio. O herdeiro, porque lhe sucede, adquire o patrimônio, como um todo. Essa é a regra geral da transmissão patrimonial, que no sistema jurídico brasileiro opera-se pela saisina.

Outra consequência da teoria clássica é a indivisibilidade do patrimônio. Da mesma forma que o patrimônio não pode ser transmitido em sua totalidade, pois a personalidade não pode ser transmitida, o patrimônio não pode dividir-se, porque a personalidade não se divide. Assim, cada pessoa tem e somente pode ter um patrimônio. Não pode haver um só patrimônio pertencendo a mais de uma pessoa.

As críticas à teoria clássica estão fundamentadas,[38] notadamente quanto à indivisibilidade patrimonial, na inibição que esta teoria

---

[38] HIEZ, David. *Étude critique de la notion de patrimoine en droit privé actuel*. Paris: LGDJ, 2003. v. 339, p. 6. Segundo a teoria clássica não pode haver a transferência do patrimônio por ato *inter vivos*, pois isso importaria em transferência da própria personalidade. Contudo, o patrimônio é transmissível *causa mortis*. Segundo a norma do artigo 1.784 do Código Civil brasileiro de 2002, enunciado do princípio da *saisine*, com a morte, "a herança transmite-se, desde logo, aos herdeiros legítimos e testamentários." A regra, pela ótica do morto, é coerente com a teoria clássica. Com a morte a personalidade se extingue (CC, art. 6º). Como para a teoria clássica o patrimônio é a emanação da personalidade, o patrimônio do morto também se extingue, tanto que a saisina transmite o patrimônio do morto aos herdeiros, desde a morte. Sob a ótica dos herdeiros, contudo, fica a crítica de que há dois patrimônios: o de cada herdeiro e o do *de cujus*, até que se ultime a partilha, individualizando os bens que integrarão o patrimônio individual de cada herdeiro. Ora, o patrimônio do morto, com a morte, deixou de existir como tal, transformando-se em espólio (massa de bens, direitos e obrigações). O espólio é o patrimônio transformado em decorrência do fim da personalidade do titular. O direito sucessório, notadamente pela saisina, assegura que essa massa de bens, direitos e obrigações, antes de integrar o patrimônio dos herdeiros, será objeto de liquidação. O benefício de inventário faz com que os herdeiros não respondam pelas dívidas do *de cujus* além do limite da herança – aqui, nos termos de bens e direitos a transmitir aos herdeiros. Após o pagamento das dívidas deixadas pelo morto e das dívidas do espólio, a herança será individualizada aos herdeiros. Ou seja, conquanto a saisina assegure a transmissão dos bens e direitos deixados pelo *de cujus* aos herdeiros, o "patrimônio" deve necessariamente passar por uma transição, agora sob o nome de espólio, antes de integrar, substancialmente, o patrimônio dos herdeiros. Enfim, os herdeiros, com a morte do autor da herança, não passam a ser titulares de dois patrimônios. Sem dúvida que, pela saisina, têm direitos em relação aos bens da herança, tanto que podem fazer uso de instrumentos processuais para defender, v.g., a posse dos bens. Contudo, esses direitos não representam patrimonialidade, mas expectativa transitória de integração dos bens deixados em seu patrimônio pessoal. Tanto que se as dívidas deixadas pelo *de cujus* forem superiores aos bens e direitos deixados, os herdeiros nada herdarão.

traz à iniciativa privada concernente ao implemento e desenvolvimento de empreendimentos econômicos.[39]

Vem daí a ideia de que a pessoa jurídica, constituída com uma massa de bens extraída do patrimônio do titular, representa exceção à teoria clássica.

No plano prático, a afetação de bens para a realização de um empreendimento, e seu destaque do patrimônio de um titular, excepcionando-o de dívidas da atividade, é uma mera técnica do tráfego jurídico, criada por lei e de forma excepcional.

Em contraponto à teoria clássica, surgem as teorias finalistas. À pandectística alemã deve-se a noção de patrimônio de afetação (*ZweckVermögen*), vale dizer, da possibilidade jurídica de que se deve dispor de destinar apenas parte, e não a totalidade dos bens presentes e futuros que constituem o ativo patrimonial, para uma finalidade específica. Assim, evita-se o comprometimento patrimonial em certas atividades de risco, encorajando-se o poder de iniciativa na vida econômica, o que pode ser de interesse geral.

Fruto do liberalismo pós-revolução industrial, as teorias finalistas procuraram afastar a relação entre patrimônio e personalidade, e fundá-lo em relação a uma finalidade. Iniciada por Brinz,[40] na Alemanha, seguiu-se o desenvolvimento da teoria por Bekker, que distinguiu, dentro do patrimônio, os patrimônios de afetação independentes e os patrimônios de afetação dependentes.[41] A base da teoria é que a massa de bens afetados a uma finalidade (patrimônio de afetação) responde, e apenas ela, pelos riscos do empreendimento, e apenas desse empreendimento em específico.

Surge daí a diferenciação que se faz por parte da doutrina em patrimônio geral e separado, ou especial (autônomo e coletivo).[42]

O patrimônio geral confunde-se com a noção própria de patrimônio como universalidade de bens, direitos e obrigações, mas, sus-

---

[39] MAZEAUD; MAZEAUD, *Leçons...* p. 314 e p. 318.

[40] BRINZ, Lehrbuch der Pandekten, t. III, 2éme, 2º ed (das ZweckVermégen). *apud* NORONHA, *Patrimônios...*, p. 18, em que refere apenas o nome do autor.

[41] DE LOS MOZOS, José Luis. *Nueva enciclopedia jurídica*. Barcelona: Francisco Seix, 1989. v. 19, p.169.

[42] Pontes de Miranda é um dos que adota a teoria dos patrimônios de afetação, quando diz: "Isso não quer dizer que a cada pessoa só corresponda um patrimônio; há o patrimônio geral e os patrimônios separados ou especiais". O mesmo Pontes, contudo, ressalva que "só a lei pode separar patrimônios" (PONTES DE MIRANDA, Francisco Cavalcante. *Tratado de direito privado*. 3. ed. Rio de Janeiro: Borsoi, 1970. v. 5, § 596-1, p. 368).

tentam esses autores, não pertencentes a uma pessoa, mas com a nota de que tais bens, direitos e obrigações são destinados "a satisfação das necessidades e do adimplemento das obrigações do titular".[43]

Não obstante, a teoria moderna reconhece que a "separação de patrimônio" decorre de lei, e tem seus efeitos pautados pela lei. E dizem: "a teoria clássica tinha razão quando enfatizava que o patrimônio (entendido como o geral) era a garantia comum dos credores".[44]

Uma das consequências da teoria moderna é a desvinculação necessária entre patrimônio e personalidade. Por decorrência, a pessoa pode ter vários patrimônios, o que afeta a unidade e indivisibilidade do patrimônio na concepção clássica. Contudo, os patrimônios especiais, importante notar, são transitórios.

A primeira lei a tratar acerca de patrimônio de afetação no Brasil foi a Lei nº 9.514, de 20 de novembro de 1997, que instituiu patrimônio separado para as instituições de securitização para financiamento imobiliário.[45]

Mais recentemente, a Lei 10.931, de 02 de agosto de 2004, instituiu a figura do patrimônio de afetação para as sociedades imobiliárias.[46]

A crítica dessa teoria reside na separação que faz entre patrimônio e personalidade, como se o patrimônio, seja ele geral ou especial, nos termos dessa teoria, tivesse a pretendida autonomia.

---

[43] NORONHA, op. cit., p. 19.

[44] Ibid., p. 19.

[45] "Art. 10. O regime fiduciário será instituído mediante declaração unilateral da companhia securitizadora no contexto do Termo de Securitização de Créditos, que, além de conter os elementos de que trata o art. 8º, submeter-se-á às seguintes condições: I – a constituição do regime fiduciário sobre os créditos que lastreiem a emissão; II – a constituição de patrimônio separado, integrado pela totalidade dos créditos submetidos ao regime fiduciário que lastreiem a emissão".
"Art. 11. Os créditos objeto do regime fiduciário: I – constituem patrimônio separado, que não se confunde com o da companhia securitizadora".

[46] "DISPOSIÇÕES FINAIS, Alterações da Lei de Incorporações, Art. 53. O Título II da Lei no 4.591, de 16 de dezembro de 1964, passa a vigorar acrescido dos seguintes Capítulo e artigos: "CAPÍTULO I-A. DO PATRIMÔNIO DE AFETAÇÃO, Art. 31-A. A critério do incorporador, a incorporação poderá ser submetida ao regime da afetação, pelo qual o terreno e as acessões objeto de incorporação imobiliária, bem como os demais bens e direitos a ela vinculados, manter-se-ão apartados do patrimônio do incorporador e constituirão patrimônio de afetação, destinado à consecução da incorporação correspondente e à entrega das unidades imobiliárias aos respectivos adquirentes. § 1º O patrimônio de afetação não se comunica com os demais bens, direitos e obrigações do patrimônio geral do incorporador ou de outros patrimônios de afetação por ele constituídos e só responde por dívidas e obrigações vinculadas à incorporação respectiva".

Ou seja, pretende-se desvincular totalmente a noção de patrimônio da personalidade, atribuindo ao patrimônio características de autogestão, impossível de se aceitar.

Por isso afirmamos que o patrimônio está, de um modo ou de outro, vinculado à personalidade humana ou jurídica. Parece-nos difícil afastar a noção de pessoa como pólo norteador das relações jurídicas patrimoniais. É a pessoa, diga-se natural ou jurídica, que estabelece os vínculos jurídicos e obriga-se perante outrem. Não se pode admitir, como o faz a teoria moderna, tratar o patrimônio como destituído de qualquer liame com a personalidade.

Os casos em que se coloca como de "separação patrimonial" representam necessidade do tráfego jurídico e da circulação de riquezas. Contudo, mesmo aqui não se trata de "separação patrimonial", mas de "separação de bens" para formar uma outra massa patrimonial ligada a uma pessoa jurídica e sempre com expressa previsão legal.

A técnica da afetação não representa quebra da teoria clássica. Primeiro, não é o patrimônio do titular que forma o patrimônio da sociedade empresária. É uma massa de bens, móveis, imóveis ou direitos, destacados do patrimônio do titular para formar uma universalidade. Essa nova universalidade está ligada a uma pessoa: à pessoa jurídica criada para desenvolver certa e determinada atividade.

Seja como for, o direito positivo da contemporaneidade, espelhado no atual Código Civil e por normas de direito material extravagantes, ou localizadas topologicamente em outros Diplomas Legais que não o Código Civil, retrata o patrimônio, em regra, vinculado à noção de pessoa e como uma universalidade, com as consequências daí advindas.

A ideia de que o patrimônio está ligado à noção de pessoa e de que é uma universalidade de direito[47] está positivada nos artigos 91 e 391 do CC, exatamente nos termos da lição da teoria clássica. Os dispositivos dizem:

---

[47] No dizer de Vicente Ráo: "Evidente se nos afigura que só a lei pode criar as universitas júris, mas essa criação tanto poderá ser explícita quanto implícita, ou decorrente dos preceitos normativos que consideram como um todo, para determinados efeitos, o conjunto de relações jurídicas de natureza patrimonial, pertencentes ou ligado à pessoa de um titular (ou de vários titulares em comunhão por parte ideais); mas, por isso se não pode repelir, como alguns autores pretendem, a noção de universalidade de direito, máxime em se tratando de definir patrimônio" (RÁO, Vicente. *O direito e a vida dos direitos*. 5. ed. anot. e atual. por Ovídio Rocha Barros Sandoval. São Paulo: Revista dos Tribunais, 1999, p. 832).

Marco Antonio Karam Silveira

Art. 91. Constitui universalidade de direito o complexo de relações jurídicas, de uma pessoa, dotadas de valor econômico.

Art. 391. Pelo inadimplemento das obrigações respondem todos os bens do devedor.

Assim, o patrimônio, especialmente nos termos dos artigos 91 e 391 do CC, é universalidade de direito e está vinculado à personalidade. Portanto, essa é a regra do atual sistema civil brasileiro.[48]

O Código de Processo Civil, em seu artigo 591, que trata da responsabilidade patrimonial, também aponta no sentido da vinculação entre personalidade e patrimônio, nos seguintes termos:

Art. 591. O devedor responde, para o cumprimento de sua obrigações, com todos os seus bens presentes e futuros, salvo as restrições estabelecidas em lei.

Essa universalidade, como veremos a seguir, é transmitida com a morte da pessoa natural, seguindo a regra geral de direito sucessório, prevista no artigo 1.784 do CC. Em relação às quotas sociais do sócio na sociedade limitada, entretanto, a transmissão nem sempre ocorre na extensão determinada pelo direito de saisina. O artigo 1.028 do CC, em seu *caput*, já estabelece limitação nessa transmissão, e em seus incisos verifica-se limitação ainda de maior extensão ao direito hereditário, previsto nas regras de direito sucessório.

1.1.2. Sucessão mortis causa e transmissão patrimonial

A transmissão do acervo patrimonial decorrente do fim da personalidade humana encontra variadas respostas, de acordo com o sistema jurídico no qual se insere. Motivada por fatores religiosos, biológicos, sociais ou culturais, a transmissibilidade do patrimônio daquele que morre pode ocorrer em menor ou maior grau, e às vezes até inexistir.

O Direito Civil brasileiro adota o modelo de transmissão da titularidade de bens, direitos e obrigações do morto,[49] aos seus herdeiros legítimos e testamentários. O "patrimônio" do morto, trans-

---

[48] Várias disposições do Código Civil de 2002 trazem o aspecto da universalidade e a relação entre pessoa e patrimônio, dentre eles: art. 6º; art. 62; art. 69; art. 477; art. 538; art. 547; art. 978; art. 988; art. 1.276; art. 1.390; art. 1.663; art. 1.665; art. 1.672; art. 1.673; art. 1.674; art. 1.678; art. 1.711; art. 1.745; art. 1.796.

[49] Consoante disposição do art. 426 do CC, é defeso estipular-se em contrato herança de pessoa viva: "Art. 426. Não pode ser objeto de contrato a herança de pessoa viva". Tal disposição é conhecida como pacto sucessório ou pacto dos corvos.

mudado em herança,[50] composto pelos bens, direitos e obrigações do momento da morte, passa a ser titularizado por terceira pessoa.[51]

A herança, "é pois o patrimônio do morto",[52] é o próprio patrimônio das pessoas que morrem. "A herança", tal como o patrimônio, "é uma universalidade de direito, existindo mesmo sem objetos materiais que a componham, consistindo em meros direitos e podendo até liquidar-se em encargos".[53] A herança é, assim, indivisível e somente com a partilha o direito do herdeiro se concretiza.

Dessa forma, na lição de Maria Helena Diniz, o direito das sucessões é "o conjunto de normas que disciplinam a transferência do patrimônio de alguém, depois de sua morte, ao herdeiro, em virtude de lei ou de testamento".[54]

A passagem do patrimônio do morto aos seus herdeiros opera-se pelo direito de saisina. O direito de saisina[55] – princípio diretivo do modelo sucessório brasileiro – vem positivado no artigo 1.784 do CC.

O vocábulo *saisina* provém de *saisine* e queria dizer posse, e *saisine héréditaire* significava que os parentes de uma pessoa falecida

---

[50] Giselda Maria Fernandes Novaes Hironaka é expressa quanto ao ponto, ao dizer: "Assim, é possível concluir que herança é o patrimônio do defunto..." (HIRONAKA, Giselda Maria Fernandes Novaes. Parte especial: do direito das sucessões In: AZEVEDO, Antônio Junqueira de (Coord.) *Comentários ao Código Civil*. São Paulo: Saraiva, 2003. v. 20: arts. 1.784 a 1.856, p. 18).

[51] Ibid., p. 15. Na expressão de Arnoldo Wald, "constituindo a herança, ou seja, o patrimônio do falecido, uma *universitas*, um conjunto de direitos e obrigações vinculado a um mesmo titular, o herdeiro continua, nas relações patrimoniais, a vida do *de cujus*, substituindo-o, sem que o falecimento venha a importar em qualquer modificação da natureza dessas relações jurídica" (WALD, Arnoldo. *Direito das sucessões*. 12. ed. São Paulo: Saraiva, 2002, p. 3).

[52] OLIVEIRA, Arthur Vasco Itabaiana De. *Tratado de direito das sucessões*. 4. ed. São Paulo: Max Limonad, 1953. v. 1, p. 61.

[53] Ibid., v. 1, p. 59.

[54] Maria Helena Diniz, *Curso de direito civil brasileiro*; direito das sucessões, v. 6, p. 3. Com efeito, a sucessão, conforme Arthur Vasco Itabaiana de Oliveira, "é em 'sentido técnico' a transmissão do patrimônio de alguém, que morre, a uma ou mais pessoas vivas" (Ibid., v. 1, p. 53).

[55] O sistema colonial brasileiro, com o advento do Alvará de 09 de novembro de 1754, confirmado pelo Assento de 16 de fevereiro de 1776, introduziu o *droit de saisine*: "Eu El-Rey faço saber aos que este Alvará com força de Lei virem, que querendo evitar os inconvenientes, que resultam de se tomarem posses dos bens das pessoas que falecem, por outros ordinariamente estranhos, e a que não pertence a propriedade delles: Sou servido ordenar, que a posse Civil, que os defuntos em sua vida houverem tido passe logo nos bens livres aos herdeiros escritos ou legítimos; nos vinculandos ao filho mais velho, ou neto, filho primogênito, e falta este, ao irmão ou sobrinho; e sendo Morgado, ou Prazo de nomeação, à pessoa que for nomeada pelo defunto, ou pela Lei. A dita posse Civil terá todos os efeitos de posse natural, sem que seja necessário, que esta se tome; e havendo quem pretenda ter ação aos sobretidos bens, a poderá deduzir sobre a propriedade somente, e pelos meios competentes; e, para este efeito revogo qualquer Lei, Ordem, Regimento a disposição de direito em contrário. Pelo que mando, etc. Dado em Lisboa, aos 9 de novembro de 1754".

tinham o direito de tomar posse de seus bens, sem qualquer formalidade. Com origem no direito costumeiro medieval francês, o *droit de saisine* impedia que o senhor feudal destinasse a si os bens do servo falecido, resguardando o interesse dos herdeiros do servo morto. Esse princípio encontra-se positivado no artigo 724 do Código Civil francês.[56]

Conforme Caio Mário da Silva Pereira, na Idade Média, a jurisprudência francesa consagrou a "transferência imediata dos haveres do servo aos seus herdeiros"[57] em razão da praxe de que os bens do servo, com sua morte, eram devolvidos ao seu senhor, que só as passava aos herdeiros mediante um pagamento. No século XIII, a doutrina francesa estabelece o *droit de saisine*, determinando que a posse e a propriedade dos bens do morto sejam transmitidos imediata e diretamente aos herdeiros. Semelhante técnica era também utilizada na região germânica, com os mesmos objetivos.

A par da influência que as relações medievais exerceram na transmissão imediata dos bens, a própria doutrina francesa, ao tratar da noção jurídica de patrimônio,[58] ensina que, pelo princípio da saisina, o patrimônio não ficaria à "deriva" ou jacente,[59] quando da morte de uma pessoa, situação que seria contraditória em relação à própria noção de patrimônio da teoria clássica.

O *de cujus* exprime a personagem e o evento central do direito sucessório: a morte.[60] Em consequência (decorrência) da morte, acepção jurídica estrita da sucessão, dá-se o processo de transmissão do patrimônio do morto, que pode ocorrer de duas formas:[61] (*i*) pela lei – sucessão legítima – baseada na ordem de vocação hereditária, por direito próprio ou de representação, a título universal, e; (ii) por

---

[56] "Art. 724: Les héritiers légitimes et les héritiers naturaes sant saisis de plein droit des biens, droit et action du defunt, sous l'obligation d'acquitur tantes les charge de la sucession".

[57] "Le serf mort saisit le vif, son hoir de plus proche", PEREIRA, Caio Mário da Silva. *Instituições de direito civil*. 12. ed. Rio de Janeiro: Forense, 1998, v. 6, p. 13.

[58] AUBRY; RAU, *Droit civil...*, v. 9.

[59] No direito brasileiro, a herança jacente é excepcional, e está disciplinada nos artigos 1.186 e seguintes do Código Civil, e nos artigos 1.142 e seguintes do Código de Processo Civil. Em tema de processo, ver MARINONI, Luiz Guilherme; MITIDIERO, Daniel. *Código de Processo Civil Comentado*, p. 952 e seguintes.

[60] "A morte é fato jurídico. O ser humano deixou de ser pessoa. Houve a morte civil. Ele já não existe mais." (PONTES DE MIRANDA, Francisco Cavalcante. *Tratado de direito privado*. 3. ed. Rio de Janeiro: Borsoi, 1972, v. 55, §5.584-4, p. 8).

[61] O Artigo 1.786 do CC diz: "Art. 1.786. A sucessão dá-se por lei ou por disposição de última vontade."

testamento – sucessão testamentária – por ato de vontade do autor da herança, a título universal ou a título singular, limitada a parte disponível, tratando-se, respectivamente, do sucessor e do legatário.[62] A herança transmitida, porque universalidade, nos termos do artigo 91 do CC, deve ser aceita em sua integralidade. O artigo 1.791, também do CC, impõe a indivisibilidade do acervo patrimonial até que se opere a partilha, com a seguinte redação:

> Art. 1.791. A herança defere-se como um todo unitário, ainda que vários sejam os herdeiros.
> Parágrafo único. Até a partilha, o direito dos co-herdeiros, quanto à propriedade e posse da herança, será indivisível, e regular-se-á pelas normas relativas ao condomínio.

A fração ou quota-parte que cabe a cada herdeiro será definida pela partilha, atribuindo-se a cada herdeiro a faculdade da aceitação ou renúncia que, pelo princípio da saisina, retroage à abertura da sucessão, ou seja, ao momento da morte, ao exato momento em que todo o patrimônio do *de cujus* passa a integrar a esfera jurídica dos herdeiros.

Salienta-se, entrementes, que a transmissão da herança como a entendemos atualmente deu-se em razão da propriedade privada. "Enquanto não apareceu a propriedade privada individual, o conceito de sucessão *a causa* de morte não poderia corresponder ao dos tempos de hoje".[63] Nas sociedades primitivas, a propriedade possuía caráter coletivo, pertencente à coletividade, e a morte do chefe não implicava transmissão dos bens coletivos, porquanto pertenciam à totalidade dos indivíduos dessa coletividade.

Como expõe Luiz Felipe Silveira Difini, "a questão da transmissão do domínio e posse das heranças apresenta-se como questão a ser solucionada normativamente por todos os sistemas jurídicos".[64] A adoção de uma ou outra forma de transmissão do patrimônio implica diferentes consequências na prática, sendo estipuladas legislativamente conforme a base ideológica do Estado.

Modernamente, o direito sucessório ganhou *status* constitucional de direito e garantia fundamental, positivado nos incisos XXX e

---

[62] HIRONAKA, Parte especial..., p. 17-18. Acerca da abertura de testamento, MARINONI, Luiz Guilherme; MITIDIERO, Daniel. *Código de Processo Civil Comentado*, p. 950 e seguintes.

[63] PONTES DE MIRANDA, *Tratado...*, v. 55, §5.584-3, p. 7.

[64] DIFINI, *Direito de...*, p. 245.

XXXI do artigo 5º da Constituição da República de 1988 (CRFB). Este *status*, como se verá, terá influência limitadora nas disposições dos incisos do artigo 1.028 do CC, dado seu conteúdo de relação de direito sucessório, notadamente quanto ao contrato social, reduzindo a margem de *ius dispositivum* do pacto entre os sócios em relação ao direito hereditário de seus herdeiros.

Enfim, a análise do *droit de saisine*, sob a ótica da noção clássica de patrimônio, coloca em destaque sua fundamental importância no direito sucessório. É, portanto, o momento em que o patrimônio deixa a esfera jurídica do morto, tendo em vista a extinção de sua personalidade, e passa a integrar a órbita jurídica dos herdeiros, não se cogitando mais do patrimônio do morto, pois este não mais existe, mas, sim, do patrimônio dos herdeiros.

Assim, ao morrer, a pessoa natural transmite, pela saisina, seu patrimônio (bens, direitos e obrigações) aos herdeiros, dentro do qual se inserem as quotas sociais pertencentes ao falecido sócio da sociedade limitada.

Deste modo, observando a regra, o valor correspondente às quotas sociais, porque integrantes do patrimônio do sócio falecido, transmite-se aos herdeiros. Contudo, as regras próprias do direito de empresa, em relação à morte de sócio, acabam por excepcionar, aqui e ali, a regra geral do princípio da saisina, podendo ampliar ou limitar o direito hereditário.

O direito de empresa traz especificidade da transmissão do patrimônio do sócio, em relação às quotas sociais. A transmissão *causa mortis* do patrimônio do sócio, representado pelas quotas sociais da sociedade limitada, a par das regras gerais do direito sucessório, é regida pelas normas especiais do Código Civil relativas às sociedades. Tais normas, de conteúdo de transmissibilidade patrimonial para depois da morte, convivem e podem (devem) ser conjugadas às disposições gerais do direito sucessório, *v.g.*, o princípio da saisina, pelo qual a transmissão patrimonial, e, por consequência, das quotas sociais, opera-se *pleno iure* com a morte.

O contrato social, como se verá, poderá dispor de modo contrário à regra da transmissão patrimonial pela saisina, originando diferenças entre o direito sucessório ao valor das quotas sociais, ou à posição pessoal destas, passando a ocupar a posição de sócio da sociedade,[65] ou a nenhuma dessas, apartando por completo os herdeiros dos negócios sociais.

Desse ponto já deve ser dado breve destaque, porque um dos pilares do estudo. Há três possibilidades de transmissão dos direitos imanentes às quotas sociais por decorrência da morte do sócio na sociedade limitada.

Primeiro, pode-se transmitir apenas o valor pecuniário correspondente à quota social, ou haveres sociais. Nesse caso, os herdeiros não ingressam na sociedade, mas tornam-se credores do valor das quotas sociais pertencentes ao *de cujus*.

Depois, possível também a transmissão da posição de sócio aos herdeiros. Essa situação se traduz no ingresso dos herdeiros no quadro societário, passando a ter o *status socii*, sucedendo subjetivamente o autor da herança, na relação jurídica societária.

Por fim, o que representa, em verdade, uma não transmissão, ou uma restrição desta, os herdeiros tanto podem ser privados de assumirem a posição de sócio, quanto de participarem dos haveres sociais. Ou seja, ficam alijados por inteiro da sociedade limitada, dantes integrada pelo sócio morto.

A depuração dessas possibilidades, com exame das limitações, extensões e efeitos, previstas ou não no contrato de sociedade, e a dupla característica das quotas sociais, serão vistas oportunamente no decorrer deste estudo.

Não obstante, ainda no caminhar de aproximação em direção ao tema central, pressuposto de seu bom entendimento, cumpre discorrer a respeito das características próprias das sociedades limitadas.

1.2. Particularidades da sociedade limitada

A sucessão *causa mortis,* na sociedade limitada, traz princípios e regras próprias. A sociedade limitada[66] é atualmente a forma socie-

---

[65] José Waldecy Lucena refere que a transmissão de quota social *causa mortis* "pode decorrer de expressa previsão contratual, ou, se omisso o contrato, em razão de direito hereditário" (LUCENA, *Das sociedades...*, p. 354).

[66] O Código Civil de 2002 alterou a denominação da antiga sociedade por quotas de responsabilidade limitada para sociedade limitada.

tária de maior relevo no quadro empresarial, tanto em nosso direito, quanto no estrangeiro. A característica de limitação da responsabilidade dos sócios, a facilidade de sua constituição e funcionamento e a ampla margem de conformação interna do vínculo societário – pessoa ou capital – outorgam à sociedade limitada fundamental importância no direito de empresa.

Deste modo, é de rigor o estudo inicial da origem, conformação e estruturação da sociedade limitada para munir com uma base forte o desenvolvimento das questões centrais ligadas à sucessão *causa mortis* do sócio, nesse tipo societário.

O surgimento legislativo da sociedade de responsabilidade limitada ocorreu na Alemanha, pela lei de 20 de abril de 1892.[67] Denominadas de *Gesellschaft mit beschänkter Haftung* (GmbH), as sociedades de responsabilidade limitada visavam a conjugar as aspirações dos comerciantes em constituir uma sociedade que limitasse a responsabilidade dos sócios, a exemplo das sociedades anônimas – mas sem a burocracia de sua constituição – com a simplicidade de constituição das sociedades em nome coletivo e em comandita.[68]

A origem histórica das sociedades de responsabilidade limitada remonta, contudo, ao direito costumeiro inglês, em que recebeu o nome de *private companies*, distinguindo-as das *public companies*.[69] Foram reconhecidas e regulamentadas pelo *Companies Act of 1900* e *Companies Act of 1907*, respectivamente.[70]

Na França, as sociedades de responsabilidade limitada surgiram por desdobramento histórico decorrente do fim da I Grande

---

[67] MARTINS, Fran. *Sociedade por quotas no direito estrangeiro e brasileiro*. Rio de Janeiro: Forense, 1960, v. 1, p. 19. Além da obra de Fran Martins, também para um excelente histórico da sociedade limitada, consulte PEIXOTO, *A sociedade...*, v. 1, p. 7-38.

[68] Essa é a posição da maioria da doutrina a respeito da gênese da sociedade limitada: Ibid., p. 39; HALPERIN, Isaac. *Sociedades de responsabilidad limitada*. Buenos Aires: Depalma, 1948, p. 3-4; LUCENA, *Das sociedades...*, p. 4-5.

[69] Fran Martins expõe a peculiaridade do surgimento da sociedade limitada em relação aos demais tipos societários. Em suas palavras, "enquanto os demais tipos societários existentes no Direito Comercial – as sociedades em nome coletivo, em comandita simples, em conta de participação e anônima – tiveram, primeiramente, existência real, só depois sendo reguladas por lei, a por quotas, de responsabilidade limitada, foi estruturada livremente pelo legislador e introduzida no Direito Comercial por força de lei". Não obstante, o próprio autor ressalva o caso do surgimento da limitada na Inglaterra, onde o costume se antecipou ao legislador, tendo sido criada pela praxe comercial inglesa antes que a lei a regulasse, muito embora a sociedade por quotas inglesa – *private companies* – não sejam exatamente a sociedade de responsabilidade limitada existente no direito continental" (MARTINS, *Sociedade...*, v. 1, p. 13-15).

[70] LUCENA, op. cit., p. 7.

Guerra, em 1918. Com o armistício, a Alemanha restituiu à França os territórios da Alsácia e Lorena, anexados à Germânia na guerra franco-alemã de 1870/1871. Na região da Alsácia e Lorena foram constituídas centenas de sociedades de responsabilidade limitada com sustentação na Lei Alemã de 20 de abril de 1892. Surgiu, assim, situação peculiar de empresas constituídas sob o regime jurídico alemão, não mais aplicável aos territórios sob o domínio francês, cujo regramento comercial não previa essa forma de sociedade.[71] Somente com a Lei de 7 de março de 1925 foi instituída a sociedade de responsabilidade limitada na França.

Já o direito português adotou o modelo alemão da sociedade de responsabilidade limitada, pela Lei de 1901, denominando-a de "sociedade por quota de responsabilidade limitada".

A sociedade por quota de responsabilidade limitada foi introduzida no direito brasileiro pelo Decreto nº 3.708, de 1919, adotando o modelo português, e via de consequência, o alemão.

O antecedente legislativo da introdução das sociedades de responsabilidade limitada no direito brasileiro não ocorreu, como comumente se diz, com o projeto do Conselheiro José Thomaz Nabuco de Araújo, em 1865.[72] A sociedade por quotas de responsabilidade limitada a que se referia o projeto traduzia-se em uma sociedade anônima "livre", ou seja, sem dependência do governo.[73]

Nesse passo, afirma José Waldecy Lucena que a sociedade limitada somente surgiu no direito brasileiro em 1912, com base na lei alemã de 1892, "quando Inglez de Souza a incluiu em seu projeto de Código Comercial".[74] O projeto de Código Comercial de Inglez

---

[71] LUCENA, *Das sociedades...*, p. 8-9.

[72] Ibid., p. 20.

[73] Ensina Sylvio Marcondes Machado, que "a verdade histórica, porém, é que a sociedade de Nabuco significava uma sociedade anônima livre, enquanto que a sociedade do Dec. 3.708 constitui o tipo autônomo criado pelo legislador alemão" (MARCONDES, Sylvio. *Ensaio Sobre a Sociedade de Responsabilidade Limitada*, p. 57). Para mais acerca do surgimento legislativo da sociedade por quotas no direito brasileiro, de rigor a consulta à clássica obra de MARTINS, *Sociedade...*, p. 245-257.

[74] "Como tardava a aprovação do projeto de novo Código Comercial, o Deputado gaúcho e professor de direito, Joaquim Luis Osório, cuidou, em 20 de setembro de 1918, em projeto isolado, de inserir em nosso sistema o novo tipo societário e de cuja justificação destaca-se o seguinte excerto: "Considerando que a instituição das sociedades por quotas, de responsabilidade limitada, vem preencher uma lacuna no direito pátrio, funcionando com excelentes resultados na Inglaterra, Alemanha e Portugal, sendo a sua adoção no Brasil reclamada pelo incentivo que oferecem a concorrência das atividades e dos capitais ao comércio, sem ser preciso recorrer à sociedade anônima, que melhor se reservará para as grandes empresas in-

Marco Antonio Karam Silveira

de Souza não foi aprovado. A entrada no ordenamento jurídico brasileiro deve-se ao deputado gaúcho Joaquim Luís Osório, autor do projeto que deu origem ao Decreto n° 3.708, de 1919.[75]

Conquanto o projeto do deputado gaúcho tenha sofrido críticas da doutrina, dada a singeleza da redação e concisão do texto, aquele foi aprovado na Câmara dos Deputados e no Senado Federal sem discussão nem emendas, e regrando, de 1919 até 2003, as sociedades por quotas de responsabilidade limitada, atualmente denominadas sociedade limitada.[76]

O Código Civil brasileiro de 2002 (Lei n° 10.409, de 10 de janeiro de 2002), cuja vigência iniciou em 11 de janeiro de 2003, por disposição de seu artigo 2.044, trouxe o regramento da sociedade limitada no Capítulo IV do Subtítulo II (Da Sociedade Personificada) do Título II (Da Sociedade), em seu Livro II (Direito de Empresa). Ademais, o Código previu possibilidade, nas omissões das disposições próprias da sociedade limitada, de aplicação das normas da sociedade simples, outorgando ao contrato social a possibilidade de estabelecer que o regramento supletivo dar-se-á pelas normas das sociedades anônimas, consoante artigo 1.053 e seu parágrafo único.[77]

As novas disposições do Código Civil não ficaram imunes às críticas, pois, embora de maior tecnicidade do que o Decreto n° 3.078/19, instituiu maiores dificuldades burocráticas na sua constituição e funcionamento, afastando uma de suas principais vantagens, e estabeleceu normatização supletiva pela sociedade simples, abandonando a regra da regência supletiva pelas normas da sociedade anônima, presente no revogado Decreto n° 3.708/19.[78]

---

dustriais que necessitam de capitais muito avultados e prazo superior ao ordinário da vida humana" (LUCENA, *Das sociedades...*, p. 22-23.)

[75] MARTINS, *Sociedade...*, v. 1, p. 20 e p. 270.

[76] Acerca da tramitação do projeto e das criticas que sofreu, recomenda-se o estudo da obra de Ibid., v. 1, p. 272-279, e, de modo sintético, especialmente das notas de rodapé, da obra de LUCENA, *Das sociedades...*, p. 23-29.

[77] O artigo tem o seguinte teor: "Art. 1.053. A sociedade limitada rege-se, nas omissões deste Capítulo, pelas normas da sociedade simples. Parágrafo único. O contrato social poderá prever a regência supletiva da sociedade limitada pelas normas da sociedade anônima"

[78] LUCENA, *Das sociedades...*, p. 31; e FRANCO, Vera Helena de Mello. O triste fim das sociedades limitadas no novo Código Civil. *Revista de Direito Mercantil*, São Paulo, n. 123, p. 81-85, 2001.

Destarte, cabe identificar a posição da sociedade limitada na classificação das sociedades, expondo suas principais e peculiares características relativas ao presente trabalho, dentre as quais destacamos o vínculo entre os sócios, o caráter societário contratual, a formação do capital social e a dupla característica das quotas sociais.

Para a clara identificação da posição da sociedade limitada na classificação das sociedades, de rigor iniciar a exposição com o quadro geral de classificação das pessoas jurídicas.

O Código Civil classifica as pessoas jurídicas em de direito público, interno e externo, e de direito privado (artigo 40). As pessoas de direito público interno são a União, os Estados, o Distrito Federal, os Territórios, os Municípios, as autarquias, as associações públicas e demais entidades de caráter público criadas por lei (artigo 41). As pessoas jurídicas de direito público externo são os Estados estrangeiros e todas as pessoas que forem regidas pelo direito internacional público (artigo 42).

Consoante o CC, as pessoas jurídicas de direito privado são as associações, as sociedades, as fundações, as organizações religiosas e os partidos políticos (artigo 44). O quadro das pessoas jurídicas pode assim ser resumido:

PJDPúblico (existe "a se stante", pela CRFB ou lei)	Externo (CC/42)	Estados estrangeiros e as pessoas regidas pelo direito internacional (ONU, UNESCO...).
	Interno (CC/41)	U, E, DF, T, M, autarquias e demais entidades de caráter público criadas por lei, e entidades de instituição autorizada por lei (fundações e empresa pública), conforme CRFB/37, XIX.
PJDPrivado (CC/44. Existe legalmente com a inscrição do ato constitutivo no respectivo registro – CC/45)	Associações (CC/53-61 + CRFB/5º, XVIII, XIX, XX e XXI)	União de pessoas para fins não econômicos. Não há reciprocidade de deveres e direitos entre associados. Os associados devem ter iguais direitos, mas pode haver categorias diferentes com vantagens especiais.
	Sociedades (Simples e Empresária)	Tratada no direito da empresa. Tem finalidade econômica. Aplicam-se, subsidiariamente, as disposições das associações (CC/ 44, parágrafo único). Aqui se enquadram também as sociedades de economia mista.
	Fundações (CC/62-69 + 2.032)	Fundações de índole privada. Têm fim religioso, moral, cultural, assistencial.
	Organizações Religiosas	CC/44, § 1º + CRFB/5º, VI
	Partidos Políticos	CC/44, § 3º + CRFB/17, 103, VIII, 150, VI, c, § 4º e ADCT/6º

As sociedades são divididas, atualmente, em empresárias e não empresárias (simples).

A distinção entre sociedades comerciais e civis, originada no comércio do medievo italiano, em que pesem as críticas da doutrina,[79] mantém-se ainda no direito brasileiro, sob o critério da forma no desenvolvimento da atividade (artigo 982 do Código Civil), agora com a denominação de sociedade empresária (comercial) e sociedade não empresária[80] (civil). Nas sociedades estará sempre presente a finalidade econômica[81] (artigo 981 do Código Civil), diferentemente das associações, cuja finalidade é não econômica (artigo 53 do Código Civil).

Esquematicamente, tem-se:

Sociedades	união de pessoas que reciprocamente se obrigam a contribuir, com bens e serviços, para o exercício de atividade econômica e a partilha dos resultados (CC/981)
Sociedade Empresária	exercício de atividade própria de empresário sujeito a registro (CC/982 + 966 e 967). As S/A serão sempre empresárias (CC/982, parágrafo único)
Sociedade Simples	por exclusão das sociedades empresárias (CC/982, *in fine*). As cooperativas serão sempre simples (CC/982, parágrafo único)

---

[79] José Waldecy Lucena expõe a falta de prestígio da distinção, fazendo menção, contudo, de que "a distinção legal até então vigente, conseqüências práticas de relevo advinham, o que obrigava o intérprete a sempre ter de as distinguir. Entre elas, eram as mais importantes: (a) o registro, que obedecia à igual dicotomia: as sociedades mercantis registravam-se na Junta Comercial, enquanto as sociedades civis no Cartório de Registro Civil das Pessoas Jurídicas; (b) a sujeição à falência tão-somente das sociedades mercantis" (LUCENA, *Das sociedades...*, p. 44).

[80] O Código Civil de 2002 optou pela distinção entre sociedade empresária e sociedade simples. Aliamo-nos à posição de José Waldecy Lucena, para quem a nomenclatura da sociedade simples não deve se opor a da sociedade empresária, sustentando, assim, que a distinção se opera terminologicamente entre sociedade empresária e sociedade não empresária. Ademais, há de se considerar que a sociedade simples representa mais um tipo societário como os demais tipos societários (Ibid., p. 48).

[81] Conforme Cássio Machado Cavalli, aponta alguns fundamentos para dizer que a finalidade lucrativa não é o elemento caracterizador do empresário e da sociedade empresária. Por primeiro, afirma que o teor do artigo 966 não refere intuito de lucro, mas de atividade econômica. Depois, aponta que os profissionais liberais, embora tenham o intuito de lucro, não são empresários. A ideia de economicidade da atividade significa o equilíbrio entre entradas e custos (CAVALLI, Cássio. O direito de empresa no novo Código Civil. *Revista de Direito Mercantil*, São Paulo, n. 386, p. 51-80, 2003, p. 66-68).

Não Personificada	Sociedade em Comum	Sociedade sem inscrição no RPEM (CC/986). É a sociedade irregular ou de fato. Ou não tem ato constitutivo ou não tem registro. Os sócios respondem solidária e ilimitadamente. Não é tipo societário. Os sócios provam a existência da sociedade entre si por escrito. Os terceiros provam de qualquer modo. Patrimônios dos sócios confundem-se com os bens afetados ao desenvolvimento da empresa (atividade)
	Sociedade em Conta de Participação	Tem por característica a existência de sócio ostensivo (é quem exerce o objeto social e obriga-se perante terceiros) e de sócio participante (oculto – obriga-se perante o ostensivo – CC/991, parágrado único). A finalidade é regular a relação entre os sócios. Eventual inscrição não atribui personalidade jurídica (CC/993).
Personificada	Sociedade Simples	É a sociedade que inscreve os atos constitutivos no RCPJ (Registro Civil de Pessoas Jurídicas). É a antiga sociedade civil. Estabelece regras subsidiárias para os demais tipos societários de cunho pessoal (CC/1.053). A responsabilidade dos sócios entre si é solidária e com a sociedade é subsidiária (CC/997, VIII + CC/1.023).
	Sociedade em Nome Coletivo	Os sócios são somente pessoas físicas. A responsabilidade é solidária e ilimitada (CC/1.039). Administração exclusivamente pelos sócios (CC/1.042).
	Sociedade em Comandita Simples	Há dupla categoria de sócios. Os sócios comanditados – pessoas físicas que contribuem com trabalho e capital, e tem responsabilidade solidária e ilimitada (CC/1.045); e os sócios comanditários, que contribuem com capital, mas não realizam atos de gestão (CC/1.047), e tem responsabilidade limitada ao valor das cotas sociais (CC/1.045).
	Sociedade Limitada	A responsabilidade dos sócios é limitada ao valor de suas cotas e solidária pela integralização do capital social (CC/1.052). A regência se dá pelas normas da sociedade simples, de forma subsidiária. O contrato social pode prever a regência pelas normas da S/A. Conselho fiscal é facultativo.
	Sociedade Anônima ou Companhia	As S/A têm o capital dividido em ações (Lei nº 6.404/76), e podem ser fechada ou aberta, ou seja, com ações negociadas em bolsa ou não. A responsabilidade dos sócios é igual ao preço das ações subscritas ou adquiridas.
	Sociedade em Comandita por Ações	Seguem as regras do Código Civil e da S/A (Lei nº 6.404/76).
	Sociedade Cooperativa	Seguem as regras do Código Civil e da Lei nº 5.764/71.

Bom lembrar que, por via legislativa expressa, o caráter empresarial ou não empresarial da sociedade pode ser definido (excepcionando a regra geral da definição pela atividade própria de empresário), tal o caso das sociedades anônimas, consideradas sempre empresárias, e das cooperativas, tidas por sociedade simples, *ex vi* artigo 982 *caput* e parágrafo único.

As sociedades são classificadas, ainda, em personificadas ou não-personificadas. A aquisição da personalidade jurídica ocorre com o registro dos atos constitutivos no órgão competente.[82] É o registro que atribui a personalidade, nos exatos termos dos artigos 45 e 985 do Código Civil.[83] Para as sociedades empresárias, a inscrição se dá no Registro Público de Empresas Mercantis (Juntas Comerciais), e as sociedades simples, para as quais adotamos a nomenclatura de sociedade não empresária, a inscrição ocorre no Registro Civil das Pessoas Jurídicas (artigo 1.150 do Código Civil).

As sociedades não personificadas são as sociedades em comum e as sociedades em conta de participação. As sociedades em comum, anteriormente, no Código Civil de 1916, eram denominadas de sociedade irregular ou de fato, conforme possuíssem contrato social não inscrito no respectivo registro (sociedade irregular) ou sequer houvesse formalizado contrato social (sociedade de fato), segundo considerável parte da doutrina.[84]

A *contrario sensu*, as sociedades personificadas são aquelas que possuem ato constitutivo devidamente registrado no órgão competente.

Os tipos societários personificados atuais são a sociedade simples,[85] sociedade em nome coletivo, sociedade em comandita

---

[82] A aquisição de personalidade jurídica pela sociedade no direito comparado é examinada *cum grano salis* por MAC-DONALD, *Pessoa jurídica...*, p. 303-307.

[83] "A sociedade adquire personalidade jurídica por concessão da lei" (REQUIÃO. Rubens. *Curso de direito comercial*. 22. ed. São Paulo: Saraiva, 1995, p. 279).

[84] Rubens Requião, ainda na vigência do Código Civil de 1916, expunha que "as sociedades comerciais que arquivam seus contratos ou atos constitutivos no Registro do Comércio adquirem, assim, personalidade jurídica. São chamadas, por isso, sociedades *regulares*. Ao revés, as que não o fazem, tenham ou não contrato escrito, são chamadas sociedades *irregulares*" (Ibid., p. 279-280). A distinção entre sociedade irregular e de fato, tomando por critério a existência de contrato social não registrado (sociedade irregular) e a inexistência mesmo de contrato social (sociedade de fato) é de Waldemar Ferreira. Diz o autor: "Ajuntando-se para o exercício em comum de atividade mercantil, sob firma ou razão social, deixam os sócios, muitas vezes, de reduzir a escrito seus ajustes (...) A sociedade, assim constituída, vive, funciona e prospera. Mas vive de fato. Como sociedade de fato se considera. Outras vezes, ela se organiza por escrito. Articulam-se os dispositivos da lei social. O contrato, porém, não se arquiva no registro público do comércio. A sociedade é, por isso, irregular. No comum, entretanto, mal se distingue a sociedade de fato da irregular. Confundem-se elas na sinonímia das duas expressões. De uma e de outra se diz sociedade de fato ou irregular" (FERREIRA, *Instituições...*, v. 1, item 209, p. 275).

[85] Sustentamos, com arrimo na melhor doutrina, que a sociedade simples não pode ser classificada, como faz o Código Civil, em contraposição à sociedade empresária. Quanto ao ponto diz JOSÉ LUCENA, *Das sociedades...*, p. 48): "Foi diante dessa conceituação do Código, classificando as sociedades em duas classes – sociedade empresária e sociedade simples, que assevera-

simples, sociedade limitada, sociedade anônima, sociedade em comandita por ações e sociedade cooperativa, tendo sido retirado do direito pátrio a sociedade de capital e indústria.

Enfim, a sociedade limitada é uma pessoa jurídica de direito privado, personificada, portanto, e pode ser formada como empresária ou não empresária, tendo por principal característica a limitação da responsabilidade dos sócios,[86] restrita ao valor de suas quotas, as quais formam seu capital social (valor jurídico),[87] e este, por sua vez, representa o patrimônio inicial da sociedade, que é diverso do patrimônio pessoal dos sócios.[88]

Túlio Ascarelli já traçava a distinção entre capital social e patrimônio da sociedade. Dizia:[89]

> O capital social constitui com efeito, um dado estatutário que a sociedade é livre de fixar, como entender oportuno e, até modificar com uma alteração dos estatutos; constitui, entretanto, um valor que representa em princípio como que o valor mínimo da diferença entre o ativo e o passivo, ou seja, do patrimônio líquido da sociedade (...)

J. X. Carvalho de Mendonça também faz a distinção, ao afirmar que o "capital formado pela contribuição dos sócios é a base inicial

---

mos, ao início deste item, que os seus ilustres Projetistas não adotaram escorreita terminologia, eis que, coerentemente e como referido, haveriam de escolher um adjetivo que se opusesse ou se distinguisse do adjetivo utilizado na primeira classe – empresária (sociedade empresária), o que não ocorre, à evidência, com o adjetivo simples (sociedade simples), que se opõe ou se distingue de complexo. Por isso, preferimos nominá-la, em oposição à sociedade empresária, como sociedade não-empresária, podendo esta adotar o tipo da sociedade simples ou os tipos da sociedade em nome coletivo, da sociedade em comandita simples ou da sociedade limitada, qual dispõe o artigo 983, 2ª parte, mas não os tipos das sociedades por ações, já que estas serão sempre sociedades empresárias (art. 982, p. u.)".

[86] A limitação da responsabilidade dos sócios da sociedade limitada encontra exceções no direito positivo e na jurisprudência. São essas as relativas aos créditos trabalhista (posição jurisprudencial), créditos tributários (Lei nº 5.172/66 – CTN-, artigo 135, inciso III), créditos previdenciários (Lei nº 8.620/93, artigo 13), créditos decorrentes de relação de consumo (Lei nº 8.078/90 – CDC –, artigo 28). Para mais, consultar COELHO, Fábio Ulhoa. *Manual de direito comercial*: direito de empresa. 19. ed. São Paulo, Saraiva, 2007, p. 158-159, e COELHO, Fábio Ulhoa. *A sociedade limitada no novo Código Civil*. São Paulo: Saraiva, 2003, p. 8-10.

[87] Pontes de Miranda esclarece, acerca da distinção entre capital social e patrimônio, que o capital social é "valor contábil, porém mais *juridicamente* conceituado do que *economicamente*, uma vez que continua o mesmo a despeito da valorização ou desvalorização do patrimônio" (PONTES DE MIRANDA, *Tratado...*, v. 50, §5.281-1, p. 31).

[88] Egberto Lacerda Teixeira deixa claro que o capital social e o patrimônio somente coincidem "ao tempo da constituição da sociedade" (TEIXEIRA, *Das sociedades...*, p. 75).

[89] ASCARELLI, Túlio. *Panorama do direito comercial*. São Paulo: Saraiva, 1947, p. 153.

Marco Antonio Karam Silveira

do patrimônio da sociedade...", apontando que o capital social faz parte do patrimônio da sociedade.[90]

Para o que interessa ao presente trabalho, destacamos, dentre as principais características das sociedades limitadas (i) o caráter contratual da sociedade; (ii) a possibilidade da formação do vínculo societário baseado no caráter *intuitu personae*, característica de uma sociedade de pessoas, ou simplesmente constituído com base pecuniária (*intuitu pecuniae*), como uma sociedade de capital; (iii) a divisão do capital social em quotas e; (iiii) a dupla característica das quotas sociais, que atribuem ao titular o direito pessoal e o direito patrimonial.

A seguir faremos o exame de cada uma dessas características, traçando suas relações com o cerne do presente estudo.

1.2.1. Sociedade limitada como sociedade de pessoas ou de capital

A classificação das sociedades em "de pessoas" ou "de capitais" tem sofrido algumas críticas por parte da doutrina.[91] Contudo, essa é

---

[90] Tratado de Direito Comercial Brasileiro, Vol. II, Tomo II, item 632, p. 122. No mesmo sentido, José Edwaldo Tavares Borba, diz que "o capital é o valor formal e estático, enquanto o patrimônio é real e dinâmico" (...), e que o "patrimônio inicial da sociedade corresponde mais ou menos ao capital" (BORBA, *Direito...*, p. 63); Carlos Fulgêncio da Cunha Peixoto, "diferem [capital e fundo social] exatamente pela fixidez de um e imputabilidade de outro" (PEIXOTO, *Sociedade...*, p. 120); ISAAC Halperin, "el capital debe ser distinguido del patrimonio social. Inicialmente deben coincidir, aun cuando la no integración total de los aportes en especie conspira contra esa identidad" (HALPERIN, *Sociedades...*, p. 68); Hermano De Villemor Amaral, "o capital da sociedade é o seu fundo constituído pelas entradas dos sócios, realizadas e a realizar, e a garantia exclusiva dos credores nas sociedades limitadas. É invariável, dentro do limite fixado no contracto ou estatuto social, salvo modificação ou alteração ao acto institucional da sociedade, regularmente deliberada, reduzindo-o ou augmentado-o (sic). Nessa fixidez está o traço que o distingue do patrimônio social, o qual, porque é comprehensivo de todos os bens e valores da sociedade, é por natureza mutável, por causas as mais variadas, de ordem econômica e financeira, que pesam na balança dos mercados do paiz e do estrangeiro" (AMARAL, Hermano de Villemor. *Das sociedades limitadas*. Rio de Janeiro: Jacintho Ribeiro dos Santos, 1921, p. 121).

[91] Sylvio Marcondes critica a classificação e expõe as divergências do tema, propondo uma nova classificação, baseada na extensão da responsabilidade dos sócios (MARCONDES, *Problemas...*, p. 171-181). Egberto Lacerda Teixeira também critica a distinção, para quem "o critério é falho, ilógico e inócuo", apontando como sugestão a classificação proposta por Sylvio Marcondes. A crítica de Egberto Lacerda Teixeira quanto a essa classificação repousa na classificação das sociedades como um todo, segundo esse critério, mas não que o critério da pessoalidade ou patrimonialidade da formação da *affectio societatis* não esteja presente em todas as sociedade, variando o grau de um de outro, conforme o vínculo entre os sócios (TEIXEIRA, *Das sociedades...*, p. 23-25). Para J. X. Carvalho de Mendonça, a distinção é "ilógica', confundindo a sociedade com os sócios, pessoas distintas e independentes, e esquecendo-se de que todas as sociedades têm um capital expresso em dinheiro, garantia exclusiva dos credores

a forma mais usual de classificação das sociedades empresárias ainda hoje.[92] Levando-se em consideração a utilidade da classificação para a finalidade buscada,[93] entendemos que o tema da sucessão *causa mortis* do sócio nas sociedades limitadas, que pode implicar transmissão de quotas com ingresso do herdeiro no quadro societário, requer seja dada importância a essa classificação, na medida em que a possibilidade de ingresso, diga-se já, via contrato social prévio, ou acordo posterior entre sócios remanescentes e os herdeiros do sócio falecido, se vincula ao caráter da sociedade.

As sociedades limitadas permitem que a constituição do vínculo entre os sócios ocorra com base na figura da pessoa do sócio ou apenas no aspecto pecuniário de ingresso de capital na sociedade, seja para sua formação ou manutenção. No dizer de Arnoldo Wald:[94]

> A peculiaridade do direito brasileiro esteve sempre nas poucas regras próprias das sociedades limitadas constantes do Decreto nº 3.708/19, possibilitando que as partes interessadas moldassem o perfil da sociedade conforme as exigências de cada empreendimento.

---

sociais" (MENDONÇA, José Xavier Carvalho de. *Tratado de direito comercial brasileiro* Atualização Ruymar de Lima Nucci. Campinas: Bookseller, 2001, v. 3, n. 576, p. 62). José Waldecy Lucena traz inúmeras lições doutrinárias criticando a classificação (LUCENA, *Das sociedades...*, p. 54). Para Pontes de Miranda, "ao conceito de contrato de sociedade de pessoas opõe-se o de contrato de sociedade por ações. Costuma-se falar de sociedades de pessoas e de sociedades de capitais, como se algumas sociedades de pessoas não fossem capitalistas" (PONTES DE MIRANDA, *Tratado...*, v. 49, § 5.177-1, p. 75). Ainda em Pontes de Miranda, o vínculo pessoal existe em todas as sociedades, seja de caráter pessoal ou real. Real, segundo Pontes, "é o direito que o sistema jurídico atribui aos que são titulares dos direitos sobre as ações", criticando o alegado caráter real (pecuniário) do vínculo na sociedade por ações (Ibid., §5.178-1, p. 75-76). Ao contrário, José Edwaldo Tavares Borba sustenta que a classificação tem interesse prático, especialmente em casos de transferência de quotas sociais *causa mortis* (BORBA, *Direito...*, p. 68). Isaac Halperin afirma o caráter híbrido da sociedade limitada, para quem há "rasgos de las sociedades de personas y de capitales" (HALPERIN, *Sociedades...*, p. 18)

[92] WALD, Arnoldo. Do direito de empresa. In: TEIXEIRA, Sálvio de Figueiredo (Coord.) *Comentários ao novo Código Civil*. Rio de Janeiro: Forense, 2005, v. 14, t. 2, p. 308. A diferenciação entre uma e outra é feita em obra de Georges Ripert, citado por Wald. (CARVALHOSA, Modesto. Parte especial: do direito de empresa. In: AZEVEDO, Antônio Junqueira (Coord.) *Comentários ao Código Civil*. São Paulo: Saraiva, 2003. v. 13: artigos 1.052 a 1.195, p. 34.

[93] Fábio Ulhoa Coelho, analisando a diversidade de conteúdo trazido pela doutrina acerca da classificação das sociedades em "pessoas" ou de "capital", menciona que "não é demais lembrar que uma classificação não é falsa ou verdadeira, mas apenas útil ou inútil, de sorte que, na análise destas três soluções adotadas pela doutrina, se deverá questionar mais as conseqüências decorrentes de cada uma, para fins de mensurar sua utilidade, que, propriamente, a natureza da concepção" (COELHO, Fábio Ulhoa. Penhorabilidade das cotas sociais. *Revista de Direito Mercantil, Industrial, Econômico e Financeiro*, São Paulo, n. 82, p. 95-101, 1991, p. 96).

[94] WALD, *Direito de Empresa*, v. 14, p. 302.

Marco Antonio Karam Silveira

As normas cogentes do Código Civil demonstram, com arrimo na doutrina, o caráter híbrido das limitadas, ora como sociedade de capitais, ora como vínculo de pessoas,[95] *v.g.*, a disciplina quanto à possibilidade de instituição de Conselho Fiscal e da assembleia dos sócios nas limitadas. Quanto à característica das sociedades limitadas no direito brasileiro, diz Wald que "o caráter personalista ou capitalista da sociedade por quotas deve ser examinado em cada caso concreto, pois a disciplina legal desse modelo de sociedade, em nosso país, permite aos sócios, no contrato social, fazer com que prevaleça uma ou outra daquelas estruturas".[96]

No mesmo sentido, Fabio Ulhoa Coelho entende que deverá a inserção da sociedade limitada, em uma ou outra categoria, ser realizada em concreto, dependendo da previsão do contrato social para impedir, limitar ou permitir o ingresso de sócio na sociedade.[97]

José Waldecy Lucena diz igualmente que "em verdade, a disciplina que o Código emprestou à sociedade limitada tornou muito clara a possibilidade outorgada aos sócios de optarem, segundo seus interesses e conveniências, pela constituição de uma sociedade de pessoas ou uma sociedade de capitais".[98]

O perfil flexível das sociedades por quotas de responsabilidade limitada do direito anterior manteve-se em certa medida pela legislação atual, sedimentada no Código Civil de 2002, porquanto a conformação da sociedade limitada permite a formação de vínculo societário com cunho pessoal (*intuitu personae*) ou de capital.[99] A mobilidade de estruturação serve às pequenas e grandes estruturas so-

---

[95] WALD, *Direito de Empresa*, v. 14, p. 303-308 e CARVALHOSA, Parte especial: Direito de Empresa, v. 13, p. 36.

[96] WALD, op. cit., p. 310.

[97] O autor, baseado no art. 334 do Código Comercial, e ainda na vigência do também revogado Decreto nº 3.708/19, esmiuça dizendo: "Se o contrato social contiver cláusula em sentido idêntico ao comando normativo do art. 334 do CCom., será uma sociedade de pessoas; se contiver cláusula em sentido contrário, será "de capital". Surge, no entanto, uma questão intrincada, quando é omisso o contrato social neste particular, hipótese em que a natureza pessoal ou capitalista deverá ser percebida através do exame das suas demais cláusulas (se, por exemplo, a sociedade se extinguir com a morte de um sócio, será "de pessoa"; se não se extinguir, continuando com os seus herdeiros ou legatários, independentemente de anuência dos sócios supérstites, será inegavelmente "de capital")" (COELHO, *Penhorabilidade...*, p. 98).

[98] LUCENA, *Das sociedades...*, p. 63.

[99] WALD, *Direito de Empresa*, v. 14, p. 303-304.

cietárias, representando mais de 95% das empresas registradas nas Juntas de Comércio.[100]

José Waldecy Lucena expõe a diferença entre ambas as conformações:[101]

> Nas primeiras, sua criação e funcionamento decorrem do "intuitu personae", isto é, os sócios criam e dirigem a empresa, em razão do recíproco conhecimento e da mútua confiança. Por isso mesmo, há restrições quanto à cessibilidade das quotas a estranhos, enquanto a morte, interdição ou falência de um dos sócios podem acarretar sua dissolução. Nas segundas, importa a contribuição pecuniária, o "intuitus pecuniae", sem qualquer consideração de ordem pessoal em relação ao sócio. Daí a livre cessibilidade das ações e a total desconsideração da morte, interdição ou falência do sócio.

Certo o seu caráter híbrido, e superadas as críticas sobre distinção e efeitos, o que nos interessa na classificação é que essa atende como importante critério de distinção na entrada na sociedade de herdeiro do sócio falecido. O maior ou menor grau de vínculo pessoal entre os sócios facilita, dificulta ou impede a entrada na sociedade de herdeiro de sócio falecido.

Quanto ao ponto, Carlos Fulgêncio da Cunha Peixoto[102] faz lapidar reflexão, esclarecendo que a característica principal da sociedade de pessoas é a predominância do caráter *intuitu personae* no funcionamento dos negócios sociais, o que implica dizer que a busca pela associação leva em conta a capacidade pessoal do futuro sócio, ficando o capital em plano secundário. E que, na sociedade de capitais, ao contrário, o capital é o elemento principal, havendo possibilidade da figura do sócio ser modificada.[103]

---

[100] WALD, *Direito de Empresa*, v. 14, p. 302.

[101] LUCENA, op. cit., p. 52.

[102] PEIXOTO, *A sociedade...*, v. 1, n. 59, p. 51.

[103] Para José Waldecy Lucena, "o *intuitus personae* prepondera nas sociedades em que os sócios, ao se associarem, escolhem-se mutuamente, justamente por já se conhecerem. Eles mesmos dirigem a sociedade, em cujo capital detêm uma parcela, em princípio acessível, extinguindo-se a sociedade se morto ou interdito um dos sócios. Do princípio ao fim, consideram-se as pessoas dos sócios, não o capital. E mesmo os terceiros, ao se relacionarem com a sociedade, têm mais em linha de conta as pessoas dos sócios. O *intuitus pecuniae*, ao contrário, aparece em destaque nas sociedades de capital. Este é representado por ações, livremente subscritas, quando da criação das sociedades, e, após, cessíveis sem restrições. Não são os sócios que obrigatoriamente dirigem a sociedade, nem se extingue ela com a morte, falência ou interdição de um deles. Os terceiros, ao se relacionarem com a sociedade, atentam antes para o capital social que para as pessoas dos sócios" (LUCENA, *Das sociedades...*, p. 56/57). Mais a frente, Waldecy Lucena nomina as sociedades de índole personalista de sociedade limitada fechada e as so-

Destarte, pode-se afirmar que a característica do vínculo societário, traduzido na relação entre os sócios como uma sociedade de pessoas, com conteúdo *intuitu personae*, ou uma sociedade de capitais, de cunho capitalista, tem influência na transferência de quotas do sócio falecido aos seus herdeiros, sob o enfoque das disposições do contrato social, ou de acordo posterior entre os herdeiros do sócio falecido e os sócios remanescentes.

Para Fábio Ulhoa Coelho, a classificação tem por base o direito positivo. Sustenta, com arrimo no revogado artigo 334 do Código Comercial,[104] que a possibilidade de impedir o ingresso de terceiro no quadro societário, em virtude de cessão de quotas, caracteriza a sociedade de pessoas, enquanto que nas sociedades de capital é ausente o direito de oposição.[105] A mesma ideia mantém-se hígida no ordenamento trazido pelo Código Civil, que em seu artigo 1.057 diz:

> Na omissão do contrato, o sócio pode ceder sua quota, total ou parcialmente, a quem seja sócio, independentemente de audiência dos outros, ou a estranho, se não houver oposição de titulares de mais de um quarto do capital social.

O artigo 1.057 tem idêntica redação do artigo 1.060 do Projeto do Código Civil, assim comentado por Fábio Ulhoa Coelho:[106] "Como se vê, em relação a esta espécie de sociedade, continuará o contrato social a definir a natureza pessoal ou capitalista, e, na sua omissão, será 'de pessoa' a sociedade".

Ora, a sociedade formada com vínculo *intuitu personae* entre os sócios apresenta maior grau de dificuldade na substituição do sócio falecido pelos herdeiros. Afinal, o vínculo societário formou-se entre os sócios "x", "y" e "z", com suas peculiares e especiais características e atributos pessoais. A participação de determinado sócio na

---

ciedades de predomínio do capital de sociedades limitada aberta, o que faz ressaltar a maior facilidade ou dificuldade de entrada de sócio herdeiro na sociedade (Ibid., p. 63-64).

[104] "Art. 334. A nenhum sócio é lícito ceder a um terceiro, que não seja sócio, a parte que tiver na sociedade, nem fazer-se substituir no exercício das funções que nela exercer sem expresso consentimento de todos os outros sócios; pena de nulidade do contrato; mas poderá associá-lo à sua parte, sem que por esse fato o associado fique considerado membro da sociedade".

[105] "As sociedades comerciais em que um sócio pode se opor licitamente à alienação, total ou parcial, da participação societária de outro sócio a terceiro, serão denominadas "de pessoas", enquanto as sociedades comerciais em que esta oposição não foi admissível serão chamadas "de capital". Um acionista de uma companhia aberta, por exemplo, não tem o direito de impedir o ingresso de um seu desafeto no quadro societário, mas o sócio de uma sociedade em nome coletivo tem este direito" (COELHO, *Penhorabilidade...*, p. 96).

[106] COELHO, *Penhorabilidade...*, p. 98.

sociedade tem por base sua contribuição intelectual ou laboral, ou o liame afetivo (*affectio*) que o une aos demais sócios.

A substituição do sócio falecido por seus herdeiros legítimos ou testamentários, de qualquer ordem de vocação, não implica qualquer paridade de afeição (*affectio*) entre os sócios remanescentes e os herdeiros, no grau antes existente entre aqueles e o sócio falecido.

Significa dizer: o artigo 1.057 do CC outorga direito à tutela inibitória aos sócios a fim de impedir, preventivamente, que os sucessores do *de cujus* na sociedade de pessoas ingressem como sócios. O pedido de tutela inibitória deve ser consubstanciado em uma ordem de abstenção, quiçá com pedido de cominação de *astreintes*, com base no artigo 461 do Código de Processo Civil.[107]

O mesmo não ocorre em relação à sociedade limitada formatada sob cunho eminentemente de capital. Quando o vínculo societário está baseado no capital, em que o mais importante não é a característica pessoal ou intelectual do sócio, mas o aporte de bens e/ou capital, a substituição do sócio falecido dá-se de modo menos problemático.

Por isso, o regramento de substituição do sócio falecido por seus herdeiros deve considerar o vínculo societário existente entre os sócios, se de pessoas ou de capital.

1.2.2. Contrato de sociedade e empresa. A importância social da empresa e sua continuidade pós-morte do empresário (princípio preservativo e princípio da função social da empresa)

Contrato de sociedade e empresa não se confundem. Contrato de sociedade, conforme disposto no artigo 981 do CC, é a união de pessoas para o desenvolvimento de atividade econômica. Essas pessoas, os sócios, obrigam-se mutuamente a contribuir com bens e serviços para o exercício dessa atividade (empresa), partilhando os resultados.

---

[107] Para o aprofundamento no tema da tutela dos direitos e tutela inibitória, consultar MARINONI, Luiz Guilherme. *Técnica processual e tutela dos direitos*. São Paulo: Revista dos Tribunais, 2004; MARINONI, Luiz Guilherme. *Tutela Inibitória (individual e coletiva)*. 3ª ed., São Paulo: Revista dos Tribunais, 2000; MARINONI, Luiz Guilherme; MITIDIERO, Daniel. *Código de ...*, p. 424 e seguintes; OLIVEIRA, Carlos Alberto Alvaro. *Teoria e Prática da Tutela Jurisdicional*. Rio de Janeiro: Forense, 2008.

A empresa é a atividade econômica desenvolvida, que tanto pode se dar individualmente pelo empresário ou, coletivamente, pela sociedade.[108] Empresa é fato.

A empresa, porque conceito fundado na economia, ressente-se de um conceito jurídico preciso, ou, ao menos, de um que seja consensual doutrinariamente.

A doutrina italiana de Alberto Asquini, que influenciou o Código Civil brasileiro de 2002,[109] sustenta ser a empresa um fenômeno econômico poliédrico com quatro perfis jurídicos. O perfil subjetivo, equiparando-a ao empresário ou à sociedade; o perfil funcional, como atividade desenvolvida para alcançar determinadas finalidades; o perfil patrimonial ou objetivo, concebida como universalidade de bens; e, finalmente, o perfil institucional.[110]

A atual acepção de empresa tem dupla finalidade social. Ao mesmo tempo em que deve atender aos interesses e fins de seu objeto social, deve atentar ao escopo social geral. A relação centrípeta de sua atuação interna – administração/administradores, relação entre os sócios, organização estrutural – deve pautar-se pela relação centrífuga com o meio exterior – empregados, colaboradores, fornecedores, governo, sociedade civil e meio ambiente. No direito civil contemporâneo a empresa deve atender aos interesses sociais externos decorrentes da sociedade na qual está inserida.[111]

Arnoldo Wald destaca o conteúdo social da empresa ao dizer que:

> (...) de acordo com os princípios gerais que constam no Código Civil e também conforme já previa a Lei nº 6.404/76, que rege as sociedades anônimas, tanto a empresa individual quanto a chamada sociedade empresária devem atender aos imperativos éticos e sociais.[112]

E completa: "Podemos afirmar, assim, que está ultrapassada uma fase do direito comercial que fazia prevalecer sempre a vontade e o interesse dos detentores do capital".[113]

---

[108] GALGANO, Francesco. *Il contratto di società*: le società di persone. Bologna: Zanichelli, 1971, p. 2-3.

[109] Sylvio Marcondes, na Exposição de Motivos do Anteprojeto do Código Civil de 2002, adotou expressamente a ideia de fenômeno econômico poliédrico da empresa.

[110] ASQUINI, Alberto. Perfis da empresa. Tradução Fábio Konder Comparato. *Revista de Direito Mercantil*, São Paulo, n. 104, p. 109-126, 1996, p. 109 e p. 114-124.

[111] PERLINGIERI, Pietro. *O direito civil na legalidade constitucional*, p. 937 e seguintes.

[112] WALD, *Direito de Empresa*, v. 14, p. 14.

[113] Ibid.

O Código Civil submeteu as sociedades limitadas ao regime contratual, por expressa disposição legal dos artigos 981, 983 e 1.054.[114] Inspirado no Código Civil italiano, o Código Civil brasileiro conceituou o contrato de sociedade em seu artigo 981, nos seguintes termos: "Celebram contrato de sociedade as pessoas que reciprocamente se obrigam a contribuir, com bens ou serviços, para o exercício de atividade econômica e a partilha, entre si, dos resultados".

A sociedade é contrato plurilateral[115] e, portanto, submetida à função social posta pelo artigo 421 do Código Civil.[116] Decorrência do preceito é que a atuação empresarial tem arrimo na inserção da atividade no ambiente coletivo, apartando o conteúdo egoístico da administração. A sociedade, por contrato, e a empresa, por atividade, interagem com o mundo exterior influenciando e sendo influenciada pelas mudanças cotidianas. Não há perder de vista que o aspecto contratual da sociedade adere ao ciclo macroeconômico como meio de circulação de riquezas. Na lição de Enzo Roppo, "o contrato é a veste jurídica das operações econômicas".[117]

---

[114] LUCENA, *Das sociedades...*, p. 77 e CARVALHOSA, Parte especial..., v. 13, p. 54. Giuseppe Ferri também assevera o caráter contratual plurilateral da sociedade, e sua submissão ao regime geral contratual, ao dizer que "come contratto, il negozio costitutivo della società è naturalmente soggetto alla disciplina generale in tema di contratti per quanto riguarda la capacità delle parti (...), i requisiti, l'interpretazione e gli effetti" (FERRI, Giuseppe. *Manuale di diritto commerciale*. Torino: Unione Tipográfico-Editrice Torinense, 1970, nº 115, p. 182). Waldemar Ferreira ensina que natureza contratual do contrato de sociedade era prevista desde o Código Civil de 1916 (*Instituições de Direito Comercial*, Vol. I, item 199, p. 268).

[115] A doutrina majoritária, inspirada em Tullio Ascarelli, entende que as sociedades limitadas subordinam-se ao regime jurídico contratual, considerado como contrato plurilateral (ASCARELLI, Túlio. *Problemas das sociedades anônimas e direito comparado*. 2. ed. São Paulo: Saraiva, 1969, p. 271). O Código Civil italiano, inspirador do Código Civil Brasileiro no Livro do Direito de Empresa, adotou a doutrina de que o contrato de sociedade é contrato plurilateral. O artigo 2.247 do Código Civil italiano diz: "Con il contratto di società due o più persone conferiscono beni o servizi per l'esercizio in comune di un'attività economica allo scopo di dividerne gli utili". Na lição de FRANCESCO Galgano, "la società, come l'associazione o il consorzio, anche se costituita da due sole parti, è un contratto potenzialmente prurilaterale" (GALGANO, *Il contratto...*, p. 3).

[116] "Sendo a sociedade um contrato plurilateral, deve obedecer ao disposto no artigo 421 do Código Civil e sua sociabilidade significa tanto a democratização e a moralização do governo da empresa quanto a realização de uma conduta que deve corresponder aos superiores interesses do país e da sociedade" (WALD, *Direito de Empresa*, v. 14, p. 14).

[117] ROPPO, Enzo. *O contrato*. Coimbra: Almedina, 1988, p. 8. No mesmo sentido, de que o contrato é uma forma jurídica do fato econômico da circulação de bens e serviços na comunidade, GHERSI, Carlos Alberto. *Contratos civiles y comerciales*: parte general y especial (figuras contratuais modernas). Buenos Aires: Astrea, 1990, p. 217, e LORENZETTI, Ricardo Luis. Analisis crítica de la autonomia privada contractual, *RDC*, n. 14, p. 5. Interessante trabalho de Rudolf

É preciso ter em vista que a importância da empresa no mundo contemporâneo é representada pela influência que sua atividade tem na sociedade como um todo, envolvendo os investidores, administradores, sócios, empregados, consumidores, o mercado, o meio ambiente e o próprio Estado.[118] Daí se extrai a função social da empresa, cuja atuação e interesse não se limita à esfera privada, e nem a ela serve exclusivamente de modo egoístico, mas transcende aos interesses de índole eminentemente particular.[119]

Luis Renato Ferreira da Silva, embora comentando acerca dos contratos de índole eminentemente civil, ensina que:

> (...) as relações contratuais, entendidas como os móveis que dinamizam o sistema econômico capitalista, em que pese nascerem das vontades declaradas pelas partes, certamente delas se desprendem para agir no mercado e na vida econômica encadeando as mais diversas facetas da vida econômica. Em uma sociedade economicamente massificada, o entrelaçamento dos contratos mantidos entre os vários elos da cadeia de circulação de riqueza faz com que cada contrato individual exerça uma influência e tenha importância em todos os demais contratos que possam estar relacionados.[120]

A ideia de individualidade egoística do contrato é incompatível com o Estado Social.[121] A interação da vida econômica entre os indivíduos e os reflexos das trocas individuais relacionam-se intimamente com o ambiente coletivo. Ou seja, o interesse social acaba por influir decisivamente na disciplina contratual.[122]

Assim, a manutenção da circulação de riquezas passa pela conservação de trocas justas e equitativas, de forma a evitar a quebra da variante normal dos negócios econômicos e a instabilidade das relações negociais, em seu âmbito interno e externo.[123] Portanto, manter

---

Von Jhering, criticando o caráter patrimonial absoluto dos contratos. (JHERING, Rudolf Von. *Questões de direito civil:* do lucro nos contratos. Rio de Janeiro: Laemmert, 1899, p. 3 *et seq.*)

[118] WALD, *Direito de Empresa*, v. 14, p. 20.

[119] Ibid., p. 21, citando JUSTEN FILHO, Marçal. Empresa, ordem econômica e constituição. *Revista de Direito Administrativo*, Rio de Janeiro, n. 212, p. 128.

[120] SILVA, Luis Renato Ferreira da. A função social do contrato no novo Código Civil e sua conexão com a solidariedade social. SARLET, Ingo Wolfgang (Org.) *Novo Código Civil e a Constituição*. Porto Alegre: Livraria do Advogado, 2003, p. 173.

[121] LÔBO, Paulo Luiz Netto. Princípios sociais dos contratos no Código de Defesa do Consumidor e no Novo Código Civil. *RDC*, São Paulo, v. 42, 2002, p. 191.

[122] KARAM-SILVEIRA, Marco Antonio. Contratos Cativos de Longa Duração: tempo e equilíbrio nas relações contratuais. In: MARQUES, Cláudia (Org.) *A nova crise do contrato: estudos sobre a nova teoria contratual* São Paulo: Revista dos Tribunais, 2007, p. 491-492.

[123] Ibid., p. 493-503.

o escopo social do contrato é manter a própria *ratio* da circulação de riquezas, no que se espera de relações solidárias, justas e éticas.[124]

Nesse sentido, no caso de sucessão *causa mortis*, a manutenção da empresa impõe-se nos casos em que a participação do sócio falecido pode ser substituída pelos herdeiros legítimos ou testamentários, ou, então, pelos sócios remanescentes.

José Waldecy Lucena[125] expõe os ensinamentos tirados das observações de Michel de Juglart e Benjamin Ippolito[126] acerca das sociedades comerciais da Idade Média, em que a continuidade da empresa é expressa na "importância do fenômeno da longevidade das empresas além do término de uma expedição marítima ou mesmo além da morte do empresário".

Certo que deve ser sopesada a característica da relação societária entre os sócios. Uma sociedade limitada formada com a característica de uma sociedade de pessoas requer maior exame da participação dos herdeiros do *de cujus* do que a necessária em uma sociedade de cunho eminentemente de capital.

O modo de transmissão das quotas sociais do sócio falecido aos seus herdeiros segue disposição especial, a par da generalidade do princípio instituído pelo direito sucessório (*droit de saisine*). A regência legal das sociedades limitadas, portanto, é que estabelecerá a peculiaridade dessa transmissão do componente patrimonial do *de cujus*. Haja vista a permissão do artigo 1.028 do CC de disposição do destino das quotas pelo contrato social, os sócios têm caminho aberto para o regramento particular, somente limitado pelas normas cogentes do direito sucessório.

É no contrato de sociedade que fica plasmada a vontade dos sócios, traduzida na "vontade" da própria sociedade. No que toca à cessão de quotas sociais *causa mortis*, os sócios são autorizados a assim disporem, da forma como entenderem mais conveniente aos

---

[124] A base filosófica do novo Código Civil estrutura-se na tríade eticidade-socialidade-operabilidade. O culturalismo de Miguel Reale, o conhecimento conjetural, a experiência, a linguagem, o conceito de sistema jurídico como sistema aberto e em construção, e a eticidade, socialidade e operabilidade fundamentam a base teórica do Código Civil de 2002. Por todos, MARTINS-COSTA; GERSON *Diretrizes....* Para mais, REALE, Miguel. *Nova fase do direito moderno.* São Paulo: Saraiva, 1990. e REALE, Miguel. *Lições preliminares de direito.* 22. ed. São Paulo: Saraiva, 1995.

[125] LUCENA, *Das sociedades...*, p. 3.

[126] JUGLART, Michel de; IPPOLITO, Benjamin. *Traité de droit commercial*, v. 2., 1ª parte, p. 29-31, *apud* LUCENA, op. cit., p. 3.

Marco Antonio Karam Silveira

interesses da sociedade, porque dela emana o exercício da atividade econômica. Ora, a previsão no contrato social do destino das quotas sociais de um dos sócios para além da morte é como que uma cessão de quotas sociais subordinada à eficácia suspensiva, tendo por evento a morte de um dos sócios.[127] A cláusula que assim disponha é disposição *mortis causa*, e, portanto, somente tem eficácia com a morte de um dos estipulantes. A morte de um dos sócios implica, em termos genéricos, partilha das quotas aos herdeiros ou apuração dos haveres, o que se pode traduzir no aspecto pessoal e patrimonial das quotas, que será examinado a seguir.

Em um ou noutro aspecto fica aberta a via ao contrato social para disciplinar a matéria.[128]

1.2.3. *As facetas das quotas sociais*

O patrimônio da sociedade limitada é formado inicialmente pelo capital social, "elemento essencial da estrutura das sociedades mercantis brasileiras",[129] sendo requisito básico para a constituição das sociedades em geral,[130] e, em específico, das sociedades limitadas, como se vê dos artigos 1.052, 1.055, 1.081 e 1.084 do Código Civil.

O capital social é formado pela contribuição dos sócios, visando à consecução do fim social da sociedade, e é dividido em quotas, "iguais ou desiguais, cabendo uma ou diversas a cada sócio" (artigo 1.055 do Código Civil). O capital social forma o patrimônio inicial

---

[127] Egberto Lacerda Teixeira diz: "Existe íntima correlação entre o modo por que os estatutos disciplinam a cessão das quotas entre os sócios, por ato inter vivos, e a transmissão delas por via de sucessão *mortis causa*" (TEIXEIRA, *Das sociedades...*, p. 244-245).

[128] BORBA, *Direito...*, p. 72.

[129] LUCENA, *Das sociedades...*, p. 262.

[130] A sociedade em conta de participação, a sociedade cooperativa e as sociedades de sociedades, formada por grupo de sociedades, exemplos trazidos por José Waldecy Lucena são exceções, porquanto não possuem capital social (Ibid., p. 263). À exceção das sociedades cooperativas, que a própria lei dispensa da formação de capital social, dada a especificidade do vínculo entre os cooperativados (CC, art. 1.094, I), os exemplos, para nós, não representam exceção. O capital social representa o patrimônio da sociedade. Como visto supra, o patrimônio tem, sempre, vinculação com a personalidade, dada a aceitação por nós, com os temperamentos expostos, da teoria clássica do patrimônio de Aubry e Rau, para quem o patrimônio e personalidade estão indissociavelmente ligados. A sociedade em conta de participação, as sociedades de sociedades e as sociedades em comum, não têm personalidade jurídica e, portanto, segundo a teoria clássica, não possuem patrimônio. Logo, se não possuem patrimônio, também não possuem capital social identificável com sua ausente personalidade jurídica.

da sociedade,[131] distinto do patrimônio individual dos sócios que a compõem. Bem de ver que o capital social representa o patrimônio da sociedade apenas em sua formação. Com o desenrolar das atividades sociais o patrimônio da sociedade sofre constantes mutações, aumentando ou diminuindo, enquanto o capital social permanece fixo.[132] Assim, o capital social acaba por integrar o patrimônio da sociedade após o início de suas operações, representado contabilmente no passivo da sociedade, na conta do patrimônio líquido.

O direito brasileiro adotara inicialmente o sistema de quota única inicial, seguindo o modelo português, e, por conseguinte, o alemão, o que implica dizer que as quotas adquiridas posteriormente, seja por ato *inter vivos* ou *causa mortis*, permaneciam independentes das quotas iniciais.[133] A dualidade de quotas – quota inicial e quota adquirida – foi positivada no artigo 5º do Decreto nº 3.078/19, sofrendo inúmeras críticas da doutrina e da práxis comercial, sendo por esta ab-rogada.[134]

O Código Civil codificou a praxe social, em seu artigo 1.055, adotando o sistema de pluralidade de quotas ou de quotas múltiplas, segundo o qual o capital é dividido em quotas-básicas que poderão ser subscritas pelos sócios. Assim, os sócios dividem o capital em quotas, atribuindo a cada quota o valor desejado, tendo em vista que não há obrigatoriedade de valor fixo ou mínimo para a quota social.[135]

---

[131] Rubens Requião diz que "o capital social constitui o patrimônio inicial da sociedade comercial. Após o início das atividades, o capital permanece nominal, expresso na soma declarada no contrato, ao passo que o patrimônio social – ou fundo social – tende a crescer, se a sociedade for próspera, ou a diminuir, se tiver insucesso. Esse patrimônio é que gera, em última análise, o lucro, que é periodicamente dividido entre os sócios" (REQUIÃO, *Curso de...*, p. 285).

[132] LUCENA, *Das sociedades...*, p. 269-270.

[133] Ibid., p. 314.

[134] Acerca da controvérsia quanto aos sistemas de quotas, ver Ibid., p. 313-323. É também de José Waldecy Lucena a lição de que o motivo para a ab-rogação do artigo 5º do Decreto nº 3.078/19, foram as "questões surgidas em torno da cessibilidade das quotas e de sua transferência ius hereditário, dificultadas pelo sistema de quota única indivisível", concluindo que a adoção do sistema de pluralidade de quotas ou de quotas múltiplas facilita a "divisão das quotas entre os cessionários ou entre os herdeiros dos sócio pré-morto" (Ibid., p. 324-325).

[135] José Waldecy Lucena, refere, ainda, que a "determinação de igualdade do valor das quotas, como ressaltam os comentadores, facilita a prática e a execução dos principais atos societários, como a subscrição do capital e seus aumentos, a atribuição de lucros e perdas, o cômputo de votos, a formação do quorum, a cessão e a transferência de quotas, a partilha quando dissolvida e liquidada a sociedade etc." (LUCENA, *Das sociedades...*, p. 322-323).

Marco Antonio Karam Silveira

A quota social é a parte com que cada um dos sócios contribui ou obriga-se a contribuir para a formação do capital social,[136] consistindo em bens (móveis e imóveis) e direitos, presentes e futuros.[137] Na lição de Pontes de Miranda, as quotas "são as participações dos sócios no patrimônio social".[138]

Nasce desse aporte de bens para formação do capital inicial "um dos mistérios do direito comercial".[139] Ora, quando o sócio transfere bens à pessoa jurídica, deixa de ser proprietário desses bens, passando a titularidade desses à pessoa jurídica.[140] Surge daí a discussão quanto à natureza jurídica do direito do sócio sobre a sua quota social.[141]

J. X. Carvalho de Mendonça considera as quotas sociais como um direito de duplo aspecto: direito patrimonial e direito pessoal.[142] O autor extrai do direito de sócio, decorrente de suas entradas para formação do capital social, o que denomina de duas posições jurídicas: um direito patrimonial e outro pessoal. O primeiro, segundo o autor, é um direito de crédito que se desdobra no direito em perceber sua parte nos lucros durante a existência da sociedade e participar da partilha da "massa resídua, depois de liquidada a sociedade"; o segundo, direito pessoal, consiste na participação na administração da sociedade e de fiscalizar-lhe a gestão.

Em suma, o direito patrimonial é o aspecto pecuniário das quotas sociais, consistindo no direito aos lucros e percepção do resultado da apuração do valor das quotas, em caso de liquidação da socieda-

---

[136] FERREIRA, Waldemar Martins. *Sociedade por quotas*. 5. ed. São Paulo: Cia. Graphico-editora Monteiro Lobato, 1925, p. 90.

[137] PONTES DE MIRANDA, *Tratado...* v. 49, § 5.238, 2, p. 376, e §5.191-1, p. 167.

[138] Ibid., § 5.238, 1, p. 375. O mesmo Pontes, esclarece que "um conceito é o de quota, com que se entra ou se promete (quota, no sentido de quota passiva), e com que se concorre, ativamente, no caso de liquidação da sociedade, e outro o de quota em 'patrimônio comum'. O patrimônio da sociedade, uma vez personificada, não é comum: é da sociedade" (PONTES DE MIRANDA, *Tratado...* v. 49, § 5.178, 2, p. 76).

[139] REQUIÃO, *Curso de...*, p. 285.

[140] Nas palavras de Rubens Requião, "iniludivelmente a propriedade, mobiliária ou imobiliária, sai de seu patrimônio e se transfere para o da sociedade" (Ibid., p. 285).

[141] Rubens Requião traz a síntese de várias correntes quanto à natureza jurídica da contribuição do sócio (Ibid., p. 285-287), adotando, como no presente trabalho, a doutrina de J. X. CARVALHO DE MENDONÇA, para quem a posição do sócio se desdobra no aspecto patrimonial e no pessoal. No mesmo sentido, traçando breve arrazoado das teorias a respeito da natureza jurídica da contribuição dos sócios, ver LUCENA, *Das sociedades...*, p. 310-313.

[142] MENDONÇA, *Tratado...*, v. 2, t. 2, itens 591 a 593, p. 83-85.

de, ou no de dissolução parcial em caso de morte de um dos sócios. O direito pessoal é o direito à qualidade de sócio, do *status socii*.

A dupla natureza das quotas sociais tem relevo na sucessão *causa mortis*, podendo os sócios estipular o destino de sua participação social, segundo a natureza da quota. A estipulação contratual entre os sócios para além da morte de um deles pode levar em conta apenas a transmissão aos herdeiros do direito ao *status socii* ou ao direito patrimonial das quotas, com a extensão e limitações dadas pelo direito de empresa e pelo direito das sucessões, conforme se verá em tópico infra.

No que importa à presente divisão entre direito patrimonial e direito pessoal decorrente da quota social, de rigor a apresentação prévia da natureza jurídica da contribuição dos sócios, que, ao mesmo tempo em que representa o aporte dos sócios para a formação do patrimônio inicial da sociedade, integra também o patrimônio individual do sócio. Ou seja, a quota social é elemento (direito) do patrimônio individual do sócio, tanto que possível a penhora de suas quotas por credor individual,[143] e elemento (bem ou direito) representativo do patrimônio inicial da pessoa jurídica.[144]

1.2.3.1. As quotas sociais como elemento do patrimônio da pessoa jurídica constituída sob a forma de sociedade limitada e como elemento do patrimônio pessoal do sócio

O ponto desafia breve digressão. Na sociedade limitada, a responsabilidade dos sócios é limitada ao valor das quotas, respondendo todos pela integralização do capital social. Essa é a relação dos sócios perante a sociedade (pessoa jurídica). Contudo, no que toca à relação da sociedade limitada, leia-se pessoa jurídica, com os demais integrantes da cadeia produtiva e negocial, as dívidas (passivo) dessa sociedade serão suportadas pelo patrimônio exclusivo da própria sociedade (pessoa jurídica), de forma ilimitada. Ou seja, todos os

---

[143] Acerca do tema, ver MARINONI, Luiz Guilherme e MITIDIERO, Daniel. *Código de* ..., p. 646, n. 2.

[144] Conforme anota Waldemar Ferreira, a respeito da existência da pessoa jurídica distinta da dos membros que a compõem: "Não somente existência. Também seu patrimônio. Inconfundível é esse com os dos sócios. Traz cada qual, para formá-lo, seu contingente. Formado com as partes desagregadas de seus patrimônios, por que os sócios se obrigaram; e agregadas essas partes em acervo ou massa única, esta se integra no patrimônio da pessoa jurídica, então criada" (FERREIRA, *Instituições*..., v. 1, item 220, p. 300-301).

bens da sociedade respondem por suas dívidas. Os bens particulares do sócio não poderão ser excutidos, pois pertencentes ao seu patrimônio particular, ressalvados, obviamente, os casos de abuso da personalidade jurídica, conforme, *v.g.*, artigo 50 do Código Civil, artigo 28 da Lei nº 8.078/90 (Código de Defesa do Consumidor) e artigo 135 da Lei nº 5.172/66 (Código Tributário Nacional), que acarretam a desconsideração da personalidade jurídica da sociedade. Convém notar, contudo, que os sócios possuem parcela do patrimônio da pessoa jurídica, traduzida no direito de crédito, decorrente de seu aporte inicial para formação patrimonial.

Raciocinando inversamente, chega-se a essa mesma conclusão. As quotas sociais, agora sob a perspectiva de direito integrante do patrimônio pessoal do sócio, responde pelas dívidas particulares deste, embora também integrem o patrimônio da sociedade.

As quotas sociais, além de representarem a participação do sócio na sociedade limitada, integram as suas relações jurídicas patrimoniais, seja ligada aos negócios da empresa, seja em suas relações pessoais.[145]

As quotas sociais podem ser vistas como elemento integrante do patrimônio do sócio e também como integrante do patrimônio da pessoa jurídica formada para o desenvolvimento da empresa. Como elemento integrante do patrimônio do sócio, gerado pela obrigação de contribuir para a formação do capital social, repercute em direito de crédito aos haveres sociais. À correspondência dessa obrigação nasce o direito para o sócio, e, em regra, aos seus herdeiros, de participação nos lucros e haveres sociais.[146]

As quotas sociais representam a titularidade que o sócio possui no patrimônio da pessoa jurídica, em razão de sua contribuição. As quotas formam o capital social da empresa, passando a integrar seu próprio patrimônio, distinto do patrimônio pessoal do sócio. Embora seja clara a diversidade entre o patrimônio da empresa (pessoa jurídica) e o patrimônio pessoal dos sócios, é certo, contudo, que as

---

[145] "Não nos parece procedente a classificação da cota social como um bem imaterial. Melhor se nos afigura a posição de Carvalho de Mendonça, que nela viu, como já sabemos, um direito de crédito futuro, pois ao contribuir para a formação do capital social o sócio transfere seus cabedais, e passa a gozar apenas dos resultados líquidos desse investimento. Seu direito a tais cabedais, que integram o patrimônio da sociedade e passam a pertencer-lhe, configura uma expectativa de crédito futuro, que se vai consolidar se remanescer algum valor da final liquidação da sociedade" (REQUIÃO, *Curso...*, p. 341-342).

[146] MARTINS, *Sociedade...*, v. 2, p. 631.

quotas integram ao mesmo tempo o patrimônio pessoal dos sócios e o patrimônio distinto e autônomo da empresa. Ou seja, a contribuição do sócio para a formação do capital social, traduzida em bens ou direitos, o faz desvincular-se pessoalmente dos bens ou direitos vinculados àquela contribuição. Todavia, torna-o sócio, parte do contrato de sociedade, com o que passa a ter direito às quotas sociais. Por sua vez, esse direito, ou posição jurídica na bem utilizada denominação de J. X. Carvalho de Mendonça, biparte-se no direito patrimonial e no direito pessoal às quotas.[147]

Em suma, a quota social representa um valor, integrante do patrimônio da empresa e do patrimônio do sócio. As quotas sociais da sociedade limitada representam valor patrimonial e pessoal do sócio.

A formação do capital social da sociedade limitada dá-se pelo destaque de bens do patrimônio do sócio que passarão a integrar o patrimônio (distinto) da sociedade. As quotas sociais representam o patrimônio inicial da sociedade. A titularidade da quota verte duas posições para o sócio: uma de caráter patrimonial e outra de índole pessoal.

1.2.3.2. As quotas sociais como direito patrimonial e pessoal do sócio

O aspecto patrimonial das quotas relaciona-se com o direito à participação nos lucros ou nos haveres da sociedade. É o direito de crédito. A posição pessoal liga-se à condição de sócio (*status socii*), credenciando à participação nos negócios da sociedade, e com a função de fixar a responsabilidade do sócio pela capitalização da sociedade. Ambos os aspectos das quotas sociais podem ser transmitidos por ato *inter vivos* ou *mortis causa*.

No que interessa ao presente estudo, em caso de morte do sócio da sociedade limitada, o direito de crédito das quotas transmitir-se-á aos herdeiros, baseada a transmissão *ipso iure* desse direito no princípio da saisina, na omissão do contrato social. Pode-se afirmar que o direito de crédito dos herdeiros às quotas (valor das quotas), frise-se, com base no direito hereditário, estará sempre presente, desde que ausente qualquer regramento específico prévio no âmbito da sociedade, excluindo ou limitando o direito hereditário relativo ao

---

[147] MENDONÇA, *Tratado...*, v. 2, t. 2, p. 83-85.

valor das quotas, com as limitações que serão estudadas em tópico infra.

O mesmo não ocorre com o direito pessoal à condição de sócio. Dada a singularidade da formação do vínculo societário (*affectio societatis*), a entrada de herdeiro de sócio falecido na sociedade depende de previsão contratual específica. O contrato social pode prever a possibilidade de entrada de sócio (herdeiro de sócio falecido), impedir, ou silenciar a respeito, caso em que se operará a liquidação parcial da sociedade, com a apuração dos haveres representativos das quotas sociais do sócio falecido, nos termos do *caput* do artigo 1.028 do Código Civil.

Em tema de tutela jurisdicional, no primeiro caso (aspecto patrimonial das quotas), os herdeiros eventualmente preteridos têm direito à tutela do adimplemento na forma específica, consistente no direito ao pagamento de valores pecuniários por força do aspecto patrimonial da quota social. O pedido que deve ser realizado é o de condenação, cujo cumprimento da sentença de procedência deve se dar na forma dos artigos 475-J e 647 do Código de Processo Civil.

No que toca ao direito pessoal, como já observado, têm os sócios direito à tutela inibitória, tendo pretensão à ordem que determine a abstenção dos herdeiros, podendo o pedido ser viabilizado a partir do artigo 461 do Código de Processo Civil.

Convém notar que, conquanto cindível o aspecto pessoal do aspecto patrimonial das quotas, a cisão tem efeito apenas para excluir o *status socii*. Fixando regra no contrato social de que as quotas, patrimonialmente, serão deixadas para este ou aquele herdeiro, a cisão opera efeitos para excluir o direito pessoal (*status socii*), exceto se também contemplado em conjunto com aquele. O contrário não ocorre. Previsto no contrato social que este ou aquele herdeiro herdará o direito pessoal de sócio (*status socii*), o aspecto patrimonial não será alijado de modo algum. Em síntese, com a previsão contratual do aspecto patrimonial, pode se cindir o direito pessoal. Mas, previsão contratual do aspecto pessoal, agrega-se, por natureza, o aspecto patrimonial. Este vive sem aquele, mas aquele não vive sem este, dada a natureza das quotas sociais na sociedade limitada.

Isso quer dizer que eventual herdeiro-sócio alijado da posição jurídica de sócio outorgada pelo contrato social tem, a uma, direito à tutela de remoção do ilícito contra os sócios da sociedade, a fim de que esses tolerem o seu ingresso no quadro social, e, a duas, direito à tutela do adimplemento específico, objetivando a concretização do aspecto patrimonial das quotas sociais. O primeiro pedido deve ser formulado a partir do artigo 461 do Código de Processo Civil; o segundo, com base nos artigos 475-J e 647 do mesmo Código.[148]

Assim, a dupla face da posição de sócio em relação às quotas, redunda na dupla incidência normativa de acordo com o direito patrimonial ou direito pessoal espelhado pelas quotas. O primeiro segue a regra geral do direito sucessório de que a "herança transmite-se, desde logo, aos herdeiros legítimos e testamentários", conforme artigo 1.784 do Código Civil, somente limitado por força de disposição do contrato social. O segundo segue a regra geral de liquidação parcial da sociedade, somente sendo gerado por normatização própria, via contrato social.

Ou seja, no aspecto patrimonial das quotas, o contrato social pode limitar o direito hereditário dos herdeiros do sócio falecido, limitando o direito ao valor pecuniário das quotas, e no aspecto de direito pessoal, o contrato social pode criar o direito dos herdeiros do sócio falecido à participação societária na condição de sócio (*status socii*), em que estará agregado o aspecto patrimonial.

Questão ínsita ao aspecto patrimonial das quotas sociais, e decorrente do direito hereditário com ausência de estipulação diversa em contrato social, é a concernente à atribuição de seu valor. Na hipótese de vedação ao ingresso de herdeiros na qualidade de sócios da sociedade, estes terão direito a receber o correspondente ao valor das quotas. No ponto, em tema que será abordado infra, observar-se-á a variação de possibilidades do valor patrimonial das quotas, questão que suscita controvérsias e diferentes formas de resolução.

1.2.4. *A regência da transmissão das quotas: contrato social e as normas da sociedade simples ou das sociedades anônimas*

Antes da entrada em vigor do Código Civil de 2002, as sociedades limitadas eram regidas pelo Decreto nº 3.708/19. Omisso em muitos pontos, a lei própria das limitadas, de então, era suplementada pelo Código Comercial de 1850, nas matérias referentes à cons-

---

[148] Para o exame das tutelas necessárias à concretização dos direitos aqui expostos, ver MARINONI, Luiz Guilherme e MITIDIERO, Daniel. *Código de ...*, p. 424 e seguintes.

Marco Antonio Karam Silveira

tituição ou dissolução, e, na omissão do contrato social, pela lei das sociedades anônimas.[149]

Em decorrência da inovação trazida pelo artigo 1.053, *caput* e parágrafo único, do Código Civil de 2002, há dois regimes jurídicos possíveis a reger a sociedade limitada. Diz o artigo 1.053, em seu *caput* e parágrafo único:

> Art. 1.053. A sociedade limitada rege-se, nas omissões deste Capítulo, pelas normas da sociedade simples.
> Parágrafo único. O contrato social poderá prever a regência supletiva da sociedade limitada pelas normas da sociedade anônima.

A sociedade limitada pode reger-se pelas regras da sociedade simples. Nas omissões do contrato social, quanto à submissão das sociedades limitadas às normas das sociedades anônimas, ou nas omissões do regramento legal próprio (artigos 1.052 a 1.087), as limitadas são regidas pelas normas da sociedade simples, forte na disposição do *caput* do artigo 1.053.[150] Surge daí uma primeira forma de regência.

O segundo regramento decorre da utilização do contrato social prevendo a aplicação supletiva das regras da sociedade anônima à sociedade limitada, conforme permissivo do parágrafo único do artigo 1.053,[151] respeitando, contudo, as normas cogentes do regramento próprio da sociedade limitada prevista no Código Civil.[152] Ou

---

[149] COELHO, *A sociedade...*, p. 18-19. Como lembra o mesmo autor, a lei das sociedades anônimas era supletiva do contrato social, e não da lei das sociedades limitadas. Por isso, o contrato social podia conter "cláusula contrária ao disposto na LSA, já que esta só era aplicável nas omissões daquele" (Ibid., p. 22).

[150] Na lição de Waldecy Lucena, "silente o contrato social, a regência supletiva das sociedades limitadas se faz pelas normas da sociedade simples, somente sendo afastada essa regência, para incidir a supletividade das normas da sociedade anônima, se e quando o contrato social assim o estipular" (LUCENA, *Das sociedades...*, p. 99).

[151] De mencionar que há projeto de lei para a alteração do artigo 1.053 do Código Civil, de autoria do falecido deputado Ricardo Fiúza, estabelecendo que a supletividade do regramento das limitadas dar-se-á pelas normas da sociedade anônima, e não pela sociedade simples, como é atualmente. A alteração legislativa em nada altera o cerne do presente trabalho. Isso porque não há nas disposições da Lei nº 6.404/76, que rege as sociedades anônimas, regra a respeito da transmissão das ações ou da posição de sócio em razão da morte deste. Assim, aplica-se o artigo 1.089 do Código Civil que determina que nos casos omissos da lei especial das sociedades anônimas submeta-se às disposições gerais do Código. Como o regramento específico do Código em relação às limitadas também é omisso, as disposições referentes à transmissão das ações ou da posição do sócio falecido são aquelas da sociedade simples, positivadas no artigo 1.028.

[152] Fábio Ulhoa Coelho fala nas "duas limitadas" criadas pelo Código Reale. Para esse autor, há dois subtipos de sociedades limitadas: uma, a das sociedades limitadas sujeitas ao regime

seja, a supletividade da lei das sociedades anônimas (Lei n° 6.404/76 – LSA) é em relação à disciplina legal da sociedade limitada, e não do contrato social, como no regime anterior.

Não obstante, a base das relações societárias na sociedade limitada é fixada no contrato social. O contrato social, na limitada, é o foco de regramento, somente derrogado pelas normas cogentes do Código Civil, ou das normas especiais da sociedade anônima. Ou seja, adotando-se o regramento da sociedade simples ou da sociedade anônima, o contrato social poderá dispor, subsidiariamente às disposições próprias de cada tipo, acerca da vida social, naquilo que for omisso ou incompleto na regência normativa respectiva.

No capítulo próprio da sociedade limitada no Código Civil, e na Lei n° 6.404/76 (LSA), inexiste regramento específico quanto à transferência de quotas do sócio falecido aos herdeiros. Assim, seguindo orientação do artigo 1.089 do CC, a regra é aplicar subsidiariamente as normas da sociedade simples, notadamente o disposto no artigo 1.028.[153] O ponto, entretanto, comporta breve digressão.

No que toca à aplicação do regramento da LSA às sociedades limitadas, Fábio Ulhoa Coelho, referindo-se às causas de liquidação parcial, sustenta não ser possível a aplicação a todas às sociedades contratuais. Diz o autor que "se a sociedade limitada estiver sujeita à regência supletiva da LSA, ela só se dissolve parcialmente nas hipóteses de retirada imotivada (dissidência em relação à alteração contratual, fusão ou incorporação da sociedade) ou expulsão".[154]

Ou seja, se o contrato social da limitada disser que o regramento subsidiário é dado pela LSA, não há falar em vedação da liquidação parcial da sociedade limitada em razão da morte de um dos sócios. A sistematização das consequências da morte não fica afetada, porque permanece aberta a porta ao contrato social da sociedade em disciplinar estas consequências, segundo a vontade dos sócios. Se omisso o contrato social em relação a estas consequências, e adotando o instrumento o regramento supletivo da LSA, a sucessão das

---

de regência supletiva das sociedade simples, denominada de subtipo I, e, a outra, o das sujeitas ao regime de regência supletiva das sociedades anônimas, nominadas de subtipo II. O mesmo autor, com base na diferenciação entre os dois tipos em relação ao direito de retirada imotivada, denomina a sociedade limitada de subtipo I de vínculo instável, e a de subtipo II de vínculo estável (COELHO, *Manual...*, p. 165-166).

[153] CARVALHOSA, Parte Especial Direito de Empresa, v. 13, p. 354.

[154] COELHO, *Manual....* p. 178.

quotas resolve-se no âmbito próprio e exclusivo do direito sucessório, tratado na segunda parte desse trabalho.

O mesmo Fábio Ulhoa Coelho,[155] contudo, após acentuar a regência das limitadas pela LSA, somente quando previsto no contrato social e na ausência de regramento próprio da limitada, ressalta que a aplicação da LSA às sociedades limitadas, na omissão do capítulo próprio do Código Civil, está condicionada à contratualidade da matéria. E, avança, dizendo que "não se aplicam às sociedades limitadas as disposições da Lei das Anônimas (ainda que previsto ser desta lei a regência supletiva do regulamento específico do tipo societário constante do Código Civil) nos aspectos sobre os quais os sócios não podem contratar". E continua, para dizer que, "a contratualidade da matéria – isto é, a possibilidade de os sócios a regularem por manifestação de vontade – é pressuposto para a invocação da lei do anonimato, como supletiva da disciplina específica das limitadas constantes do Código Civil".

Entretanto, em tema de morte do sócio na sociedade limitada, a matéria é possível de ser regulada pelo contrato social, mesmo quando prevista a regência supletiva da LSA no contrato social, tendo em vista não só a origem contratual da sociedade limitada, em grande parte diversa da origem institucional da sociedade anônima, como a característica das quotas sociais, diversa das ações.

Waldemar Ferreira diz que a transmissibilidade das ações é peculiaridade das sociedades anônimas. Quanto à sucessão *causa mortis* na sociedade anônima, expõe que "em caso de sucessão universal ou legado, de arrematar-se, de adjudicar-se, ou outro ato judicial, a transferência realiza-se, no primeiro caso, de pleno direito. Aberta a sucessão, o domínio e a posse da herança transmitem-se, desde logo, aos herdeiros legítimos e testamentários". Os efeitos da transmissão, contudo, operam-se com a averbação da transmissão "no livro de registro de ações nominativas, em face de documento hábil – o formal ou certidão da partilha...".[156]

Nas ações da sociedade anônima, embora tenham natureza jurídica similar às das quotas sociais, a cisão dos aspectos patrimonial e pessoal não ocorre.

---

[155] COELHO, *A sociedade...*, p. 19

[156] FERREIRA, *Instituições...*, p. 462.

J. X. Carvalho de Mendonça[157] também assim entende, ao dizer que:

A transmissibilidade das ações é um dos característicos das sociedades anônimas. Sob a expressão transmissibilidade, designam-se todas as formas possíveis da passagem da ação do patrimônio de uma pessoa para outra, seja em virtude de negociação, de cessão, de tradição manual, ou de transmissão "causa mortis".

Do mesmo autor retira-se a conclusão de que a natureza jurídica da ação é a mesma da quota social, ao dizer que, em um dos sentidos em que a palavra ação é empregada significa, "o complexo de direitos e obrigações de caráter patrimonial e pessoal de quem pagou ou prometeu pagar uma das frações do capital social, habilitando o titular a fazê-lo valer contra a sociedade e contra a coletividade dos sócios".[158]

O autor esquece, contudo, que, diferentemente das quotas sociais, o caráter patrimonial e pessoal das ações não pode ser cindido, porque a transmissibilidade é uma peculiar característica desta.

Na lição de Carlos Fulgêncio da Cunha Peixoto,[159] os autores divergem sobre a natureza jurídica das quotas na sociedade de responsabilidade limitada, "mas todos acordam em que elas não se confundem com as ações, denominação reservada às partes em que se divide o capital social da sociedade anônima".

Para José Edwaldo Tavares Borba,[160] "quem transfere ações não cede direitos, como ocorre em uma cessão de cotas, mas sim as próprias ações, dessas emergindo os direitos de acionista".

A morte do sócio na sociedade anônima decorre exclusivamente do direito hereditário, não sendo possível pacto a esse respeito, por ausência de previsão na lei especial.[161]

A Lei das Sociedades Anônimas – Lei nº 6.404/76 – em seu artigo 31, § 2º, assim prevê a transmissão das ações *causa mortis* nas companhias:

Art. 31. A propriedade das ações nominativas presume-se pela inscrição do nome do acionista no livro de "Registro de Ações Nominativas" ou pelo extrato que seja fornecido pela instituição custodiante, na qualidade de proprietária fiduciária das ações.
(...)

---

[157] MENDONÇA, *Tratado de...*, item 1.085, p. 496.

[158] Ibid., item 1.045-2, p. 460-461.

[159] PEIXOTO, *Sociedade...*, p. 170.

[160] BORBA, *Direito...*, p. 207.

[161] Confira-se decisão do STJ no ED em REsp nº 419.174/SP e ED em REsp nº 111.294/PR.

---

§ 2º A transferência das ações nominativas em virtude de transmissão por sucessão universal ou legado, de arrematação ou adjudicação ou outro ato judicial, ou por qualquer outro título, somente se fará mediante averbação no livro de "Registro de Ações Nominativas", à vista do documento hábil, que ficará em poder da companhia.

Por todo o exposto, ainda que o contrato social adote a LSA como supletiva do regramento das sociedades limitadas, nada obsta contenha esse mesmo contrato previsões para além da morte, em relação às quotas sociais pertencentes ao sócio falecido, seguindo regra dispositiva do inciso I do artigo 1.028 do Código Civil.

Embora possível a aplicação supletiva das normas das sociedades anônimas ao regramento das sociedades limitadas, no que compatível, as sociedades anônimas diferem das sociedades limitadas quanto à constituição – contratual naquelas e estatutária nesta – capital dividido em quotas com direito a voto nas limitadas e possibilidade de ações sem esse direito, nas anônimas; intransferibilidade da quota e transferibilidade das ações; alienação ou transferência de quotas implica alteração contratual nas limitadas, o mesmo não ocorrendo com os estatutos da anônima; a limitada pode adquirir suas próprias quotas, as anônimas somente o podem fazer em casos específicos, dentre outras.[162]

Não se pode tratar quotas sociais como se ações fossem. Ações têm, além do duplo aspecto, também características das quotas sociais (pessoal e patrimonial), a nota da transmissibilidade. Ações são transmissíveis por natureza, o que não se dá, sempre ou na mesma forma, com as quotas sociais. Estas, diferentemente daquelas, podem ter cindidas sua natureza – pessoal e patrimonial. Com ações não se pode cindir tais facetas, porquanto não é dado aos sócios da sociedade anônima ofertar a posição de sócio ou o benefício pecuniário, excluindo um ou outro, porque incindíveis.

Portanto, possível o regramento para depois da morte, prevendo o destino das quotas sociais do sócio falecido, mesmo que o contrato social tenha adotado o regime jurídico da LSA para reger a sociedade limitada, tendo em vista a peculiaridade da matéria.

Assim, o contrato social pode (e deve) fixar pormenorizadamente as regras sobre a possibilidade ou não de transferência das

---

[162] Conforme relação de ABRÃO, Nelson. *Sociedades limitadas*. 9. ed. rev., ampl. e atual. conforme o Código Civil de 2002 por Carlos Henrique Abrão. São Paulo: Saraiva, 2005, p. 33-35.

quotas sociais e da posição do sócio falecido, na extensão que lhes autoriza o próprio direito de empresa, com os limites do direito sucessório.

Logo, a regra que obsta a entrada do herdeiro como sócio da sociedade (direito pessoal – *status socii*), posta no regramento da sociedade simples, pode ser excepcionada por disposição contratual. Da mesma forma, o direito patrimonial das quotas também pode sofrer limitação pelo contrato social, por força do inciso I do artigo 1.028 do CC, segundo as regras de direito sucessório.

E, no ponto relativo ao duplo aspecto da quota social, a consideração da sociedade limitada como sociedade de pessoas ou de capital é de fundamental importância, porque é essa distinção que propiciará a previsão no contrato de sociedade, de entrada do herdeiro do sócio falecido de forma mais facilitada ou não, ou o pagamento dos haveres correspondentes.[163]

1.2.5. *As normas específicas da sucessão* causa mortis *na sociedade limitada*

A transmissão das quotas sociais do sócio falecido regula-se pelo artigo 1.028 do Código Civil, que diz:

Art. 1.028. No caso de morte de sócio, liquidar-se-á sua quota, salvo:
I – se o contrato dispuser diferentemente
II – se os sócios remanescentes optarem pela dissolução da sociedade
III – se, por acordo com os herdeiros, regular-se a substituição do sócio falecido.

O Código Civil, inspirado na legislação italiana, optou pela regra da denominada "dissolução parcial" para a resolução da sociedade em relação a um sócio,[164] contrariamente à legislação anterior que impunha a liquidação da sociedade, exceto se houvesse "cláusu-

---

[163] "Aos sócios, de conseguinte, segundo suas conveniências, cabe a escolha entre uma sociedade limitada fechada e uma sociedade limitada aberta. As cláusulas que introduzirem no contrato social, disciplinadoras da vida social e da cessão das quotas, aproximarão a sociedade ou das sociedades de pessoas, fechando-a, ou das sociedades de capitais, abrindo-a (...) Tudo depende, em suma, do *intuitus personae*, que presidiu a constituição da sociedade, e da *affectio societatis*, que aproximou os sócios e os levou, em recíproca confiança, a unirem seus bens e seus esforços na busca de um fim comum. Quanto mais intenso o *intuitus personae*, mais restringirão os sócios a cessibilidade das quotas sociais a estranhos. Ao contrário, se mais intenso o *intuitus pecuniae*, assim superando o *intuitus personae*, permitida será então, no contrato social, a cessão das quotas sociais a terceiros" (LUCENA, *Das sociedades...*, p. 332-333).

[164] WALD, *Direito de Empresa*, v. 14, p. 222.

la de continuação". No caso da legislação pretérita, ou a sociedade extinguia-se pela morte de um dos sócios, ou, em havendo previsão contratual, mantinha-se a sociedade com ingresso dos herdeiros no quadro social.[165]

Atualmente, sob a égide do princípio preservativo da empresa, a disposição do Código Civil mantém a continuidade da empresa, não necessariamente com ingresso dos herdeiros na qualidade de sócios, mas com pagamento de haveres, pela liquidação apenas parcial da sociedade.

Assim, a regra geral é que a morte do sócio rompe o vínculo contratual firmado com os demais sócios e a sociedade, conforme o *caput* do artigo 1.028. O sócio falecido não transfere *causa mortis* sua posição contratual aos herdeiros, que apenas o sucedem como credores do valor patrimonial das quotas sociais em relação aos demais sócios e à sociedade, chamado de direito de reembolso. No dizer de Wald,

> (...) a dissolução parcial implica na extinção parcial do contrato de sociedade em relação ao sócio que se retira, é excluído ou falece, na medida em que não se procede à resilição do contrato social por inteiro, desprendendo-se apenas os vínculos existentes entre o sócio retirante e os demais sócios e a sociedade.[166]

A morte do sócio tem por consequência, regra geral, a liquidação de sua quota com o rompimento do vínculo contratual com a sociedade, o que representa, em uma expressão, a dissolução parcial.[167] Nestes termos, o procedimento deve seguir as disposições do artigo 1.031 do Código Civil e inciso II do parágrafo único do artigo 993 do Código de Processo Civil,[168] a cargo do juízo do inventário, a tramitar em vara especializada de família e sucessões.

A regra geral, decorrente de omissão do contrato social, pressupõe a não ocorrência das hipóteses descritas nos incisos do artigo

---

[165] No dizer de José Waldecy Lucena, "é que a continuidade de qualquer empresa é atualmente apanágio de todos" (...) "Bem por isso, a anacrônica e defasada endonorma de que, omisso o contrato quanto à continuidade da sociedade, seria esta dissolvida, não mais alcançava nem mesmo as sociedades de pessoas regidas pelo Código Comercial" (LUCENA, *Das sociedades...*, p. 359). No dizer de Waldírio Bulgarelli, "como fenômeno social do maior realce, pressiona os institutos jurídicos, a maior parte, como é natural, defasada em relação à realidade econômica e em particular com referência à empresa" (BULGARELLI, Waldírio. *A teoria jurídica da empresa*: análise jurídica da empresarialidade. São Paulo: Revistas dos Tribunais, 1985, p. 8-9).

[166] WALD, *Direito de Empresa*, v. 14, p. 223.

[167] Ibid.

[168] MARINONI, Luiz Guilherme, e MITIDIERO, Daniel. *Código de ...*, p. 883.

1.028. Ou seja, a regra geral somente incide (i) se omisso o contrato social, (ii) se os sócios remanescentes não resolverem dissolver a sociedade ou (iii) se não houver acordo entre os sócios remanescentes e os herdeiros para a substituição do sócio falecido.

No caso da regra geral – liquidação parcial da sociedade, prevista no *caput* do artigo 1.028 –, a regência da transmissão *causa mortis* das quotas dar-se-á pelas regras de direito sucessório, com apuração de haveres na forma do artigo 1.031 do Código Civil. As repercussões do direito sucessório na transmissão das quotas serão detalhadas na segunda parte desse estudo.

A regra geral da liquidação das quotas do sócio falecido e rompimento do vínculo contratual é excepcionada pela lei nas hipóteses descritas nos incisos do artigo 1.028.

Sinteticamente, com a morte do sócio na sociedade limitada podem ocorrer três situações genéricas.

A primeira ocorre quando o contrato social é omisso quanto a estas consequências, o que leva à aplicação do direito hereditário cogente (direto), mediante a incidência da saisina. Nesse caso, aplica-se a norma do *caput* do artigo 1.028 combinado com a do artigo 1.784 do Código Civil, liquidando as quotas sociais do *de cujus*, com apuração de haveres e pagamento aos herdeiros, na forma do artigo 1.031.

Ainda na primeira possibilidade, de ausência de previsão no contrato social, pode também ocorrer deliberação dos sócios remanescentes para dissolução da sociedade, conforme previsão do inciso II do artigo 1.028, o que também implica liquidação das quotas, com apuração de haveres e pagamento aos herdeiros.

Por fim, ainda inserido nas repercussões da ausência de disposição do contrato social – contrato social omisso – pode ocorrer, posterior à morte de um dos sócios, acordo entre os herdeiros destes e os sócios remanescentes para que os herdeiros substituam o sócio morto na sociedade, situação contemplada no inciso III do artigo 1.028 do Código Civil. Estas consequências – incisos II e III –, quando omisso o contrato social, serão abordadas na segunda parte da obra.

A segunda possibilidade genérica decorre de expressa previsão no contrato social do destino a que se dará às quotas sociais quando da morte de algum sócio. Nesse tópico, é importante separar o direito pessoal a ser sócio do direito patrimonial ao valor das quotas sociais, o que redunda em diversas possibilidades regulatórias, com extensão e limites diversos e particulares em cada uma delas, que serão analisadas infra.

Ainda no âmbito da segunda possibilidade, insere-se a estipulação contratual prévia que contemple a dissolução da sociedade em caso de morte de algum dos sócios, caso em que as quotas também serão liquidadas, via de regra, caso não haja posterior deliberação contrária dos sócios remanescentes.

E, por fim, a terceira possibilidade genérica, que contempla hipótese do contrato social prever, não as consequências diretas da morte em relação ao destino das quotas sociais, mas a regência supletiva das normas da sociedade limitada pelas normas da sociedade anônima (Lei nº 6.404/76). Aqui, se o contrato prever aplicação supletiva pela LSA, conjuntamente com disposições para além da morte do sócio, relativa às quotas sociais, segue-se o rumo das consequências da primeira parte desse trabalho. Se o contrato social prever a aplicação supletiva da LSA, mas for omisso em relação às disposições em relação à morte de um dos sócios, segue o direito hereditário direto, com as consequências da segunda parte do estudo, em atenção ao já exposto no tópico 1.2.4 supra.

Essas hipóteses serão a seguir analisadas pontualmente.

1.3. A transmissão *causa mortis* da participação societária do sócio regulada pelo contrato social (aplicação do regramento específico do inciso I do artigo 1.028)

A primeira abordagem quanto às consequências da morte do sócio na sociedade limitada é feita com base nas possibilidades de previsão no contrato social, levando em conta o direito pessoal e o direito patrimonial às quotas sociais. Nesse primeiro ponto, o tom será verificar qual ou quais as limitações das previsões do contrato social para além da morte do sócio, sob o enfoque da previsão da condição de sócio deixada aos herdeiros (*status socii*) e do valor pecuniário.

Pontes de Miranda já lembrava que os direitos de sócio compreendem a participação social e o direito à apuração de haveres na liquidação da sociedade e, em caso de morte de um dos sócios, o que se transmite é o direito à apuração de haveres, e não o direito à participação social. E reiterava, também, que o direito à posição de sócio, ainda quando prevista no contrato social, não se tratava de direito sucessório, mas eminentemente de direito emanado do pacto social prévio.[169]

Importa, assim, o exame da extensão e limites do contrato de sociedade por disposição dos sócios da sociedade limitada, de prévia estipulação das consequências da morte de um deles, quanto ao destino de suas quotas sociais.

O contrato social é o instrumento de constituição da sociedade limitada. Nele vão contidas as regras obrigatórias, descritas no artigo 997 do Código Civil e as disposições previstas no interesse das partes.

O contrato social deve respeitar os requisitos próprios do contrato de sociedade e os comuns a todos os contratos. Os requisitos próprios do contrato de sociedade são dados pelo artigo 997 do Código Civil, por força remissiva do artigo 1.054 do mesmo Código.

Inserido na doutrina contratual, o contrato de sociedade deve respeitar os requisitos de validade aplicáveis a todos os negócios jurídicos, tais como capacidade das partes, objeto lícito, possível e determinado ou determinável e forma prescrita e não defesa em lei, nos termos do artigo 104 do CC, pena de nulidade, consoante artigos 166 e 167 do CC. Ainda, forte no disposto no artigo 171 do CC, são anuláveis os negócios jurídicos por incapacidade relativa, erro, dolo, coação, estado de perigo, lesão ou fraude contra credores.[170]

---

[169] PONTES DE MIRANDA, *Tratado...*, v. 49, §5.189-3, p. 149. O mesmo autor completa: "Aos herdeiros que têm por si a cláusula contratual de poderem substituir o sócio pré-morto, na sua quota, nascem, com a morte do sócio, direito, pretensão e ação próprios, em virtude de ter havido estipulação a favor de terceiro, dependente, ainda assim, da aceitação de cada um deles" (Ibid., p. 149).

[170] Para um aprofundamento no estudo da teoria das invalidades no direito civil consultar: AZEVEDO, Antonio Junqueira. *Negócio jurídico*: existência, validade e eficácia. 4. ed. São Paulo: Saraiva, 2002; MELLO, Marcos Bernardes de. *Teoria do fato jurídico*: plano da validade. 4. ed. Rio de Janeiro, Saraiva, 2000; PONTES DE MIRANDA, Francisco Cavalcanti. *Tratado de direito privado*. 3. ed. Rio de Janeiro: Borsoi, 1970, v. 3; VELOSO, Zeno. *Invalidade do negócio jurídico*: nulidade e anulabilidade. 3. ed., São Paulo: Revista dos Tribunais, 1994.

Os requisitos de validade do negócio jurídico do contrato de sociedade são denominados por J. X. Carvalho de Mendonça de "condições comuns a todos os contratos".[171] Segundo o mesmo autor, paralelo às condições comuns a todos os contratos, o contrato de sociedade possui condições específicas, que são: cooperação ativa entre os sócios, a formação do capital social e a participação de cada sócio nos lucros e perdas.[172]

Fábio Ulhoa Coelho aponta que os requisitos específicos são a contribuição dos sócios para a exploração da atividade econômica e a distribuição dos resultados.[173] O mesmo autor aponta como requisitos de existência do contrato de sociedade, a pluralidade de sócios e a *affectio societatis*.[174]

Há, ainda, além das cláusulas gerais e específicas, as cláusulas ditas essenciais e acidentais. As cláusulas essenciais, indispensáveis ao registro, são aquelas que contemplam o tipo societário, o objeto, o capital social, extensão da responsabilidade dos sócios, nome e qualificação dos sócios, nome e qualificação dos administradores, domicílio da sede e prazo de duração.[175]

As cláusulas acidentais, a *contrario sensu*, são aquelas que não impedem o registro, das quais são exemplos, as que prevêem a retirada mensal de *pro labore*, definem as consequências do falecimento de sócios e fixam as formas de reembolso para as hipóteses de retirada ou exclusão.[176]

Na lição de Pontes de Miranda, o contrato de sociedade é fonte de regramento da atividade. Diz o autor:[177]

> No tocante às regras jurídicas, tem o contrato de sociedade, quer civil quer comercial, de atender ao *ius cogens* e ao *ius dispositivum* (se a manifestação de vontade não dispôs, a regra jurídica dispositiva incide). Se a regra jurídica não é cogente, o acordo dos figurantes é o que mais importa, podendo ficar ensejo para o *ius interpretativum*. Se não há *ius cogens*, nem manifestação de vontade, nem *ius dispositivum*, e à lei civil cabe ser invocada, ela é que incide.

---

[171] MENDONÇA, *Tratado...*, v. 2, t. 2, p. 25.

[172] Ibid., p. 29.

[173] COELHO, *A sociedade...*, p. 28.

[174] Ibid., p. 30-33.

[175] Ibid., p. 34.

[176] Ibid., p. 34-35.

[177] PONTES DE MIRANDA, *Tratado...*, v. 49, §5.190-2, p. 165.

Paralelamente às disposições gerais de direito sucessório, em tema de sucessão *causa mortis* de quotas do sócio na sociedade limitada, prevê o Código Civil disposições especiais a regular a matéria, notadamente pelo contrato social. Ou seja, fica aberta a via ao contrato social para retirar parcialmente os efeitos da lei sucessória.[178]

Norberto Mac-Donald, citando Matteo Tonello, diz que os sócios, parte em um contrato de sociedade, perdem sua individualidade, "transformando-se num novo e diverso sujeito de direito". E, continua, dizendo que a "vontade societária" passa a ser entendida, não como ato executivo do contrato, mas como "expressão volitiva da nova pessoa jurídica, produtora de efeitos jurídicos independentemente dos sócios ausentes e dissidentes, porque emanada de um sujeito de direito distinto dos sócios".[179]

As disposições contidas no artigo 1.028 do Código Civil tratam, em seu *caput*, da regra geral da liquidação das quotas deixadas pelo *de cujus*, com pagamento de haveres aos herdeiros do sócio falecido, sem se falar em ingresso dos herdeiros na sociedade ou na liquidação da sociedade pelos sócios remanescentes, e desde que o contrato social seja também omisso a respeito. Tal hipótese legal trata, via de regra, da transmissão do aspecto patrimonial das quotas sociais, e não da transmissão do direito pessoal pertencente ao sócio falecido, ou seja, da condição de sócio participante dos negócios da sociedade.

Nesse quadro, a regra geral remete o intérprete às disposições de direito hereditário, tal como o princípio da saisina e ordem de vocação hereditária, tema a ser visitado em tópico infra. Contudo, o contrato social poderá abrir a possibilidade de ingresso do herdeiro na sociedade na qualidade de sócio. Disso resulta a dúvida se o contrato pode prever a possibilidade de ingresso de algum ou alguns herdeiros em especial, barrando a entrada de alguma classe ou classes de herdeiros. A título exemplificativo, o contrato poderia dispor que somente os ascendentes do sócio falecido tenham a possibilidade de ingressar na sociedade, em detrimento do cônjuge, da companheira e dos descendentes. Ou, então, permitir a entrada

---

[178] A derrogação das normas sucessórias advindas do direito das sucessões por outras normas que não as contempladas no Direito das Sucessões pode ser constatada também no Código Civil. São exemplos, o § único do artigo 551, que trata da doação feita a marido e mulher, subsistindo a totalidade da doação ao cônjuge sobrevivente, e os artigos 792 e 794, que afasta o direito hereditário em relação ao capital advindo de seguro de vida em caso de morte.

[179] TONELLO, Matteo. *L'abuso della responsabilità limitata nelle società di capi*. p. 36-37, apud MAC-DONALD, Pessoa jurídica..., p. 353.

do companheiro e vedar a do cônjuge. Ou, em mais uma das várias combinações, permitir a entrada somente de ascendentes e descendentes, vedando a do cônjuge e companheiro.

Não parece haver dúvida que o contrato social pode fazer a discriminação a ponto de eleger quem poderá ingressar na sociedade na qualidade de sócio. Isso porque o direito hereditário dos herdeiros em geral está respeitado na medida em que o valor das quotas integra a herança, por disposição especial do *caput* do artigo 1.028. A regra da hereditariedade é preservada, somente se restringindo o ingresso do herdeiro como parte no contrato de sociedade.

Certo que aqui se repisa o que se falou acerca da dimensão da *affectio societatis*, ínsita às sociedades empresárias em geral, a qual sofre variações conforme se trate de uma sociedade de pessoas ou de capital.

Nos incisos do artigo 1.028 observam-se prescrições que limitam em extensão – ou ao menos possuem potencial para limitar – as regras de direito sucessório. Esses dispositivos, entretanto, devem ser interpretados tomando-se em consideração os princípios e regras do direito sucessório e do direito de empresa, pautando-se a preponderância de uns sobre outros com base nas ponderações a seguir analisadas. Mesmo nas hipóteses a que se referem os incisos do artigo 1.028 é preciso separar aquelas que serão dispostas no contrato social, daquelas que implicam liquidação das quotas, em decorrência da decisão dos sócios em dissolver a sociedade (caso do inciso II), ou na substituição do falecido pelos seus herdeiros por acordo com os sócios do morto (caso do inciso III). Na decisão dos sócios em dissolver a sociedade, somente possível se não prevista a continuidade com os herdeiros, não há falar em aquisição da posição de sócio (*status socii*), tão somente o aspecto patrimonial da quota. De outra parte, a substituição do sócio falecido por seus herdeiros, por acordo posterior entre estes e os sócios remanescentes, indica o ingresso daqueles na posição de sócios, com aquisição do *status socii*, sendo possível, dada a margem de discricionariedade do acordo, conjugarem a entrada na sociedade com recebimento de valores de quotas hereditárias parciais. Ou seja, os herdeiros substituem o sócio morto (autor da herança), ao mesmo tempo que recebem parcela das quotas sociais em pecúnia, conforme o caso, em decorrência de regramento estipulado entre os herdeiros ingressantes e os sócios do morto.

Disso se extrai que as hipóteses da lei acabam trazendo a diferenciação entre a dissolução parcial e a liquidação das quotas. Ou seja, pode haver dissolução parcial, mediante o rompimento do vínculo contratual do sócio falecido com os sócios e à sociedade, sem a consequente liquidação das quotas, caso do inciso III do artigo 1.028.

Tais aspectos serão estudados na segunda parte do trabalho, em tópico próprio.

No que toca à consequência da morte do sócio da sociedade limitada com previsão no contrato social, impõe-se a separação das possibilidades regulatórias, segundo se trate de direito pessoal às quotas (posição de sócio) ou de direito patrimonial às quotas. Em uma e em outra há diferentes formas e limites de previsão contratual.

O contrato social tem o poder de dispor acerca da vida societária. Certo que há normas de ordem pública (*ius cogens*) que não podem ser derrogadas pelas partes. Contudo, às partes contratantes, em um contrato de sociedade limitada, é dado dispor a respeito da formação e condução dos negócios sociais e as alterações da vida da sociedade, da forma que lhes aprouver, desde que se trate de direito dispositivo às partes (*ius dispositivum*).

Nesse passo, o contrato social pode dispor acerca das consequencias da morte de um dos sócios, livremente, desde que nos limites das normas de ordem pública.[180] Na linha de pensamento de José Waldecy Lucena, "podem os sócios, de conseguinte, disciplinar livremente o que entenderem de seu interesse e conveniência e que vai desde a forma e prazo de pagamento dos haveres sociais (o art. 1.031 é *ius dispositivum*) até a aceitação e disciplina do ingresso dos herdeiros na sociedade".[181]

As normas do direito de empresa não regulam minudentemente os modos de transmissão *causa mortis* das quotas sociais, mas permitem, por norma expressa, que o contrato social assim preveja. O contrato social pode dispor acerca da transmissão das quotas sociais *causa mortis*.

---

[180] "Daí se vê a importância do contrato social, que deve, para evitar dissensões entre os interessados, disciplinar, minudentemente, a matéria, toda ela *ius dispositivum*. De fato, como é de entendimento unívoco em doutrina e no direito pretoriano, a chamada 'cláusula mortis', salvo se ofender preceito de ordem pública, inderrogável pelas partes, operará como lei entre os interessados, disciplinando todas as suas relações" (LUCENA, *Das sociedades...*, p. 353).

[181] Ibid., p. 366.

Marco Antonio Karam Silveira

No que importa ao tema em análise, a pactuação de transmissão das quotas sociais fica condicionada à morte do sócio, condição de eficácia do negócio jurídico entabulado no contrato social. As disposições quanto ao destino das quotas sociais podem vir previstas na formação da sociedade, ou posteriormente, via modificação (alteração) contratual.

O contrato social pode regrar a forma e o modo como se dará a liquidação das quotas e o pagamento dos haveres aos herdeiros do sócio falecido, inclusive limitando ou excluindo o direito pecuniário às quotas. Ainda, o contrato social pode dispor de modo diverso, mantendo as quotas do sócio falecido intactas. Ou seja, sem que sejam liquidadas, bastando que seja regrada a entrada dos herdeiros de sócio no quadro social ou alijados estes, com aquisição pela sociedade.

Em suma, o contrato social pode determinar o destino das quotas sociais do sócio morto, segundo um de seus aspectos, patrimonial ou pessoal, ou ambos, conjuntamente. Na lição de Hermano de Villemor Amaral,[182] em caso de morte de sócio, seus herdeiros "partilham em juízo as quotas e lucros, pela forma que regular o contrato, e podem continuar, se convierem, como sócios da sociedade ou alienar as suas quotas". O mesmo autor complementa:[183] "é preciso, em qualquer dos casos, uma disposição expressa dos estatutos, porque o ato é da natureza dos que exigem o consentimento de todos os sócios".

Portanto, importante distinção a fazer, quando se tem previsão no contrato social, são as destinações que se pretende dar às quotas sociais, segundo uma de suas facetas. Conforme se trate do direito à posição de sócio, será possível dispor de modo amplo no contrato social. Caso se trate de direito ao valor das quotas, haverá limites substanciais a respeitar. Os modos serão a seguir analisados.

1.3.1. As disposições do contrato social quanto à aquisição da posição de sócio (aquisição de status socii pelos herdeiros e ingresso no quadro societário)

A morte do sócio não faz de seus herdeiros sócios. A morte do sócio outorga aos seus herdeiros o direito patrimonial às quotas, mas

---

[182] AMARAL, *Das Sociedades...*, n. 252, p. 171.
[183] Ibid.

não à posição de sócio, que somente será por esses alcançada, de forma prévia à morte de um deles, por deliberação dos sócios expressa em contrato social ou, posteriormente, omisso o contrato, por acordo entre os sócios remanescentes e os herdeiros do sócio falecido.

Pontes de Miranda, ainda sem a devida distinção entre a natureza jurídica das quotas sociais, ensina:[184]

> Se falece o sócio, a quota passa aos herdeiros ou legatários, porém isso não os faz, automaticamente, sócios. Enquanto à quota não corresponde sócio, o herdeiro ou legatário provisoriamente exerce os direitos que não sejam inerentes à qualidade de sócio, ou os herdeiros ou legatários da quota escolhe quem os represente.
> (...)
> Os herdeiros ou legatários só se tornam, automaticamente, sócios, se assim se dispôs no contrato social (cláusula de continuação).

O *status socii* outorga ao sócio posição privilegiada na sociedade limitada. A posição de sócio outorga-lhe o direito de participar na direção dos negócios sociais, opinando e votando. O *status socii* relaciona-se intimamente com o cerne da sociedade e do envolvimento com os negócios da empresa.

Os sócios são livres para disporem acerca dos negócios da sociedade.

A previsão de ingresso ou exclusão de herdeiros[185] no quadro social para depois da morte de um dos sócios não encontra limitação na gênese da disposição regulatória. Ou melhor, o limite na origem da disposição é apenas a *affectio societatis* entre os sócios remanescentes e os herdeiros do sócio falecido.

Somente na aplicação da cláusula de ingresso dos herdeiros na sociedade, após a morte do sócio, é que surge a possibilidade de recusa destes em integrar o quadro social.

Dada a *affectio societatis* como critério do ingresso de sócio na sociedade, é possível que as disposições do contrato social excluam uma classe de herdeiros ou, dentre os herdeiros de uma classe, excluam uns em detrimento de outros.

---

[184] PONTES DE MIRANDA, *Tratado...*, v. 49, §5.245-6, p. 421.

[185] Raúl Ventura lembra que os sócios podem estabelecer o que denomina de "cláusula de estabilização", prevendo a "respectiva quota não se transmitirá aos sucessores do falecido" (VENTURA, Raúl. *Dissolução e liquidação de sociedades*. Coimbra: Almedina, 2003, p. 170).

Seja como for, em regra, a consequência é que o ingresso dos herdeiros do sócio no quadro social afasta o pagamento de seus haveres sociais.

Disposição desse naipe tem caráter unilateral, emanado da sociedade (conjunto de sócios), e possui duas condições de eficácia. Primeiro, a morte de um dos sócios. Depois, a aceitação dos herdeiros em ingressar nesta, na qualidade de sócio, tendo em vista a garantia constitucional que impede a obrigatoriedade em associar-se, descrita no inciso XX do artigo 5º.[186]

Enfim, o contrato social pode dispor acerca da entrada dos herdeiros do sócio falecido no quadro social, negando, por via transversa, o pagamento de haveres.[187]

1.3.1.1. Previsão de entrada de herdeiros no quadro social (herdeiros sócios)

A liberdade de pactuação dos sócios do sócio falecido em relação ao ingresso futuro de seus herdeiros, via contrato social, por ocasião da morte, tem limite, num primeiro momento, na *affectio societatis*. Compatíveis os interesses dos sócios do sócio a falecer com os interesses dos herdeiros deste, possível dispor que os herdeiros ingressarão no quadro social quando da morte do autor da herança, sócio da sociedade limitada.

Egberto Lacerda Teixeira arrola algumas vantagens da continuação da sociedade com os herdeiros do sócio falecido.[188] A primeira, seria evitar a compra, pela sociedade, das quotas deixadas pelo sócio falecido e, por consequência descapitalizar os fundos sociais. Depois, impede-se a inevitável redução do capital social, em razão do pagamento dos haveres aos herdeiros. E, por fim, afasta-se a possibilidade de dissolução da sociedade, caso os sócios não tenham condições de exercerem seu direito de preferência.

---

[186] MARTINS, *Sociedade...*, v. 2, p. 776.

[187] Arnoldo Wald ensina que "falecido o sócio, os direitos dos herdeiros dependerão do que estiver convencionado no contrato social". Mais a frente, diz que "como princípio, a entrada do herdeiro para a sociedade é a exceção e só será admitida nos casos em que expressamente prevista no contrato social, ou se acordada posteriormente por todos os sócios sobreviventes. O falecimento do sócio, por si só, não tem o condão de transformar o herdeiro automaticamente em novo sócio" (WALD, *Direito de Empresa*, v. 14, p. 386).

[188] TEIXEIRA, *Das sociedades...*, p. 253.

Não há, portanto, limitação quanto à previsão do ingresso dos herdeiros do sócio a falecer. O pacto firmado entre os sócios é no sentido de que, morrendo qualquer um deles, os herdeiros do respectivo sócio morto passam à condição de sócio, adquirindo o *status socii*. A gênese do pacto, conquanto não encontre limitação, acaba por dispor acerca do destino que se dará às quotas do sócio morto, no aspecto pessoal e, por consequência, patrimonial, sem qualquer participação ou interveniência, ao menos formal, dos herdeiros.

Com a morte de um dos sócios, surge para seus herdeiros o direito previsto no contrato social de passar a fazer parte do quadro social, o qual foi gerado pelos próprios sócios agora sobreviventes. Nasce, com a morte, não há dúvida, o direito potestativo dos herdeiros do sócio falecido de ingressar como sócios na sociedade, e de exigir esse direito da sociedade, caso lhes seja negado o cumprimento do pacto social firmado anteriormente à morte do sócio.

A esse direito não corresponde o dever dos herdeiros do sócio falecido em ingressarem na sociedade. O direito surgido do pacto anteriormente firmado pelo autor da herança e seus sócios vincula estes sócios e não os herdeiros. Estes têm a sua disposição a faculdade de aceitar ou não o ingresso na sociedade na condição de sócios.

Hernani Estrella[189] já apontava que a cláusula de continuação com herdeiros deveria ser interpretada "como encerrando mera faculdade que possibilitará ao herdeiro, se capaz e ao seu livre alvedrio, ingressar na sociedade". Em relação aos sócios sobreviventes, dizia ser obrigatório o cumprimento da cláusula, aceitando o herdeiro como sócio.

A aceitação ou não da "herança" da condição de sócio na sociedade, em substituição ao autor da herança, tem a nota peculiar do caráter associativo da "herança" deixada. Por isso, incide garantia constitucional de vedação à obrigatoriedade de associação, previsto no inciso XX, do artigo 5º da Constituição, assim redigido:

Art. 5º Todos são iguais perante a lei, sem distinção de qualquer natureza, garantindo-se aos brasileiros e aos estrangeiros residentes no País a inviolabilidade do direito à vida, à liberdade, à igualdade, à segurança e à propriedade, nos termos seguintes:

(...)

XX – ninguém poderá ser compelido a associar-se ou a permanecer associado;

---

[189] ESTRELLA, *Apuração...*, p. 68.

Marco Antonio Karam Silveira

A pretendida ou esperada *afecctio societatis* existente por ocasião da formulação de cláusula do contrato social entre os sócios, prevendo a substituição do sócio falecido por seus herdeiros, esbarra na negativa desses herdeiros em cumprir disposição contratual da qual não participaram. Somente por este aspecto seria possível negar-se ao cumprimento do pacto.[190]

Aliado à garantia da norma constitucional, a força da relatividade do pacto afasta o dever dos herdeiros em cumpri-lo.

Não adentrando à sociedade, os herdeiros seguem então caminho diverso, optando pela liquidação das respectivas quotas, transformando o direito pessoal a eles assegurado anteriormente, em direito ao valor das quotas, a serem oportunamente liquidadas. Transforma-se, assim, a herança ao direito pessoal às quotas em direito patrimonial ao valor das quotas.[191]

De outro lado, os sócios remanescentes têm o dever, porque signatários do contrato social prevendo o ingresso de herdeiros no quadro societário, de acatar a deliberação. Esse entendimento não é unânime. Para J. X Carvalho de Mendonça, a previsão de continuidade da sociedade pelos herdeiros do sócio falecido deve ser aceita tanto pelos herdeiros quanto pelos sócios remanescentes.[192]

No ponto, a lição de Egberto Lacerda Teixeira é lapidar:[193]

> Com efeito, ou a cláusula estatutária ficaria reduzida à mera enunciação de um propósito futuro inócuo, ou ela simplesmente acenaria com solução que os sócios sobreviventes e os herdeiros do sócio falecido poderiam, sempre e em qualquer circunstância, adotar...
>
> (...)

---

[190] Egberto Lacerda Teixeira traz entendimentos doutrinários da obrigação dos herdeiros em ingressar na sociedade, fundamentando que a herança se aceita ou se renuncia como um todo unitário (TEIXEIRA, *Das sociedades...*, p. 253-254). Spencer Vampré lembra que "si, no contracto social, se estipulou que, morrendo um dos sócios, continue a sociedade com seus herdeiros, esta cláusula não os obriga a permanecerem na sociedade, sendo-lhes facultado retirar-se, como si tal cláusula não existisse", fazendo constar posição doutrinária que entende pela obrigatoriedade dos herdeiros em ingressar na sociedade, e, finaliza dizendo, "é claro que é perfeitamente válida a cláusula, que estipule continuar a sociedade com os herdeiros do sócio fallecido, desde que consintam expressamente" (VAMPRÉ, Spencer. *Tratado elementar de direito commercial*. Rio de Janeiro: F. Briguiet, 1923, v. 1, § 134, III, p. 451-452).

[191] Para essa hipótese, Egberto Lacerda Teixeira diz que a "quota do sócio premorto conservar-se-á indivisa ou será partilhada entre os herdeiros no juízo de inventário" (TEIXEIRA, op. cit., p. 256).

[192] MENDONÇA, *Tratado...*, v. 2, t. 2, p. 239-240.

[193] TEIXEIRA, *Das sociedades...*, p. 254-255.

Ora, se os sócios expressa e inequivocadamente declararam que a morte de um dêles não dissolveria a sociedade, que deveria continuar com seus herdeiros, é óbvio que eles preferiram abdicar, conscientemente, do direito de veto *intuitu personae* em favor de outros interesses também merecedores de tutela e amparo.

Em suma, havendo convenção societária prevendo o ingresso dos herdeiros de um dos sócios no quadro societário, em caso de morte, sem que haja qualquer ressalva quanto ao direito dos sócios remanescentes em aceitá-los ou não, por ocasião da morte, estes sócios ficam obrigados a aceitar os herdeiros do sócio falecido, cabendo a estes herdeiros aceitarem ou não a qualidade de sócio.

Porventura havendo crise de colaboração na concretização desse direito, os herdeiros têm viabilizada a busca da tutela jurisdicional, visando à tutela constitutiva, sendo adequado o pedido de alteração do contrato social com consequente modificação no quadro societário.[194]

1.3.1.2. Previsão de entrada de alguns herdeiros no quadro social (alguns herdeiros tornam-se sócios)

Como dito, a liberdade de estipulação entre os sócios quanto ao destino do direito pessoal às quotas sociais em caso de morte somente encontra limite, em sua gênese, na esperada concretização da *afecctio societatis* pactuada. A deliberação dos sócios firma como que uma aprovação prévia à entrada de herdeiro do sócio a falecer. Não há ainda, nessa pactuação, interesse, ao menos declarado, do herdeiro, ou herdeiros, em ingressar na sociedade. E nem poderia, afinal, o pacto, até que efetivamente ocorresse a morte de um dos sócios, poderia ser refeito por estes, revendo as pactuações anteriores e deixando de contemplar o efeito de sucessão ao direito pessoal das quotas.

Nesse ponto, cabe mencionar a plena possibilidade de exclusão de determinado herdeiro, ou de uma classe de herdeiros, do direito ao aspecto pessoal das quotas.

Ainda na vigência do Código Civil de 1916, Pontes de Miranda dizia que a norma do inciso V do artigo 1.399 era *ius dispositivum*, afirmando que:[195]

---

[194] Para mais, OLIVEIRA, Carlos Alberto Alvaro. *Teoria e Prática da Tutela Jurisdicional*, p. 167 e seguintes.

[195] PONTES DE MIRANDA, *Tratado...*, v. 49, §5.187-11, p. 140.

O contrato de sociedade pode prever a substituição do sócio atingido pelo concurso de credores, ou pela incapacidade, ou pela morte. Normal é que se pense no herdeiro, ou no legatário, para substituir, em virtude de cláusula contratual, o morto; mas isso não afasta – em qualquer das espécies do art. 1.399, V, do Código Civil – que aponte outra pessoa, que substitua o morto, ou a pessoa cujo concurso de credores foi aberto, ou que se tornou incapaz.

Hernani Estrella entende, ressalvando opiniões em sentido contrário, que a continuação deve ficar restrita aos herdeiros necessários,[196] muito embora afirme que o direito pessoal das quotas sociais (qualidade de sócio) não configura direito hereditário.

Ora, se o direito pessoal das quotas sociais, atributo do direito de sócio, não é direito hereditário, não há porque impor restrições de índole sucessória. Aos sócios, sob o influxo do interesse da sociedade e da atividade desenvolvida, é livre dispor da forma como melhor atender aos interesses do prosseguimento da atividade. Contudo, do direito pessoal às quotas emana o direito patrimonial.

Se, e mesmo assim, como demonstramos, o aspecto pessoal da quota é incindível do aspecto patrimonial,[197] caracterizando direito patrimonial do sócio, sucessível hereditariamente, há interesses supra pessoais, tanto dos sócios quanto dos herdeiros, traduzidos na continuidade dos negócios sociais, mas que vão limitados, em verdade, pela restrição da lei sucessória.

Tem-se, assim, conquanto considerável espectro de atuação, limitada possibilidade de previsão ou vedação, pelo contrato social, de ingresso de herdeiros no quadro societário.

1.3.1.2.1. Ausência de previsão de ingresso de cônjuge ou companheiro

Nada obsta que o contrato social não preveja o ingresso de uma classe de herdeiros, ou preveja o ingresso de determinada classe, com não previsão de outra. O direito pessoal, uma das facetas das quotas sociais, pode ser propiciado a quem, no entender dos sócios da sociedade limitada, detenha o perfil adequado e desejado a compartilhar a condução dos negócios sociais, ingressando com todas suas características pessoais no quadro social.

---

[196] ESTRELLA, *Apuração...*, p. 68-69.

[197] Hernani Estrella esclarece que o direito patrimonial das quotas sociais "é pressuposto necessário do *status socii* e deriva imediatamente do pacto social, onde tem fundamento" (Ibid., p. 89).

Por isso, não soa estranho a ausência no contrato social de previsão de ingresso de cônjuge ou companheira (ou companheiro) no quadro social. O aspecto pessoal das quotas sociais é direito que não se transmite pela lei. Não há direito fundado em norma legal que assegure o ingresso de herdeiro no quadro social de sociedade limitada. Somente a previsão contratual pode dispor acerca desse ingresso. E, não havendo direito legalmente previsto, o caminho fica livre aos sócios para disporem da forma que melhor entenderem para a continuidade do desenvolvimento dos negócios sociais.

Repisa-se que a substituição do sócio falecido pelo seu herdeiro não advém do direito hereditário, mas deriva de cláusula contratual prevendo a substituição e seus termos.

Na lição de Pontes de Miranda, "o herdeiro, que substitui o sócio morto, não o substitui *iure hereditario,* mas sim em virtude de cláusula contratual".[198]

Pontes de Miranda esclarece a ausência de direito sucessório quanto ao ponto, ao dizer:[199]

> O herdeiro, pois que o é legítimo, ou contemplado no testamento, pode aceitar a herança, e não querer entrar para a sociedade. Se o presumível herdeiro tomou parte no contrato social, para se vincular à entrada eventual, tem de satisfazer, no momento da morte do sócio, as exigências legais e contratuais para a substituição. Porém tudo isso nada tem com a sucessão em si mesma: o sócio pode deixar mesmo de dizer que a pessoa que lhe tomará o lugar é um dos presumíveis herdeiros. Se estabeleceu que todos os herdeiros seriam sócios, nem por isso a referência a "herdeiro" fez *iure hereditario* a substituição do sócio.

Como se verá no tópico seguinte, a afirmativa de Pontes é objeto de crítica. Afinal, a característica de direito pessoal da quota social não se cinde de seu aspecto patrimonial. Ou seja, não se pode apartar o direito pessoal do direito patrimonial, embora o contrário se possa fazer, consoante exposto no item 1.2.3.2 deste estudo.

1.3.1.2.2. Ausência de previsão de ingresso de filhos ou de algum dos filhos

Da mesma forma que é possível a não previsão do ingresso de cônjuge ou da companheira no quadro social, também possível não

---

[198] PONTES DE MIRANDA, *Tratado...,* v. 49, § 5.187-11, p. 141.
[199] Ibid., v. 49, § 5.187-11, p. 141.

prever o ingresso de filhos, ou alguns dos filhos, correspondente ao direito pessoal das quotas sociais.

Convém deixar livre de dúvidas que não há direito hereditário a ser sócio de sociedade limitada. Por isso, não se aplica aqui qualquer disposição legal ou constitucional quanto à igualdade entre filhos.

Os filhos, não há dúvida, são iguais entre si, não podendo fazer-se distinção. Todavia, a distinção operada por regra dispositiva, transcrita em contrato social, que não prevê o ingresso de um filho e prevê o ingresso de outro, o que significa dizer, atribuir a um o direito pessoal às quotas sociais, e a outro não, não pode sofrer a leitura da igualdade de filiação. Isso porque não há lei que assegure o direito pessoal às quotas sociais. A qualidade de sócio é singular e formada pela livre manifestação de vontade daqueles que pretendem juntar-se para a consecução de um objetivo comum, qual seja, a realização do objeto social da sociedade.

No ponto, Pontes de Miranda enfatiza:[200] "pode-se no contrato estabelecer ordem para os que podem entrar (e.g., 'em primeiro lugar, o herdeiro que tenha feito curso de economia', 'em primeiro lugar, o herdeiro que já seja comerciante')."

Na linha da plena liberdade das disposições referentes ao aspecto pessoal das quotas sociais, é possível a diversidade de destinos que cada sócio pretenda dar às suas quotas, quanto ao aspecto pessoal destas, desde que acordado entres estes no contrato de sociedade.

Assim, sócio "A" pode dispor que, com sua morte, as suas quotas sociais (posição de sócio) serão transferidas a "x" e "y", ambos herdeiros necessários; que as quotas do sócio "B", com sua morte, irão para a própria sociedade; que o sócio "C" deixa *causa mortis* para um terceiro "z" suas quotas; e que as do sócio "D" serão legadas para outra pessoa jurídica, que se tornará sócia da pessoa jurídica da qual era sócio.

Contudo, e aqui aspecto de relevo da questão, é que a característica de direito pessoal da quota social não se separa de seu aspecto patrimonial. Ou seja, não se pode separar o direito pessoal do direito

---

[200] PONTES DE MIRANDA, *Tratado...*, v. 49, § 5.187-11, p. 141.

patrimonial, embora o contrário se possa fazer, consoante exposto no item 1.2.3.2.

Ora, dada a liberdade de previsão no contrato social acerca do destino das quotas sociais, em sua face pessoal, redunda dizer que é ampla, também, a previsão quanto ao destino das quotas sociais, em sua face patrimonial, pois aquela não se cinde desta.

Assim, Pontes de Miranda não estava totalmente certo, ao afirmar que o herdeiro, ou inclusive terceiro, substitui o sócio falecido em virtude de cláusula contratual e não em razão de direito hereditário. Se é possível dispor contratualmente que as quotas, em seu aspecto pessoal, podem ser atribuídas a qualquer herdeiro, ou terceiro, tais quotas carregarão consigo o aspecto patrimonial, o que influirá em direito hereditário. Se assim é, aqui também há de se impor os limites constantes no direito sucessório, quanto ao destino de bens patrimoniais do sócio falecido, assegurando o direito hereditário dos herdeiros.

A previsão contratual de ingresso de herdeiro no quadro societário carrega consigo o valor patrimonial da quota social titulada pelo herdeiro que a recebe. Ou seja, o regramento do contrato de sociedade que estabelece que tais e tais herdeiros farão substituir o sócio falecido, com ingresso na sociedade, tem por consequência outorgar-lhes o respectivo direito de crédito–patrimonial das quotas.

Então, que direito é esse que se diz apartado do direito hereditário, que com este afirma não se confundir, mas que se conecta com a nota patrimonial da quota social, afetando, por evidente, o direito hereditário dos demais herdeiros porventura existentes?

O questionamento nasce e encerra-se na conclusão de que o contrato social pode livremente dispor acerca do destino de ambos os aspectos das quotas sociais, mas sempre com as limitações dadas pelo direito hereditário.

1.3.1.2.3. Sociedade entre pais e filhos

De se esclarecer, também, aquela hipótese em que os filhos, ou algum dos filhos, ou o cônjuge ou companheiro, ocupam a posição de sócio da sociedade limitada. Nesses casos, da mesma forma, nada obsta a que os sócios estipulem a deixa de quotas sociais, em sua qualidade de sócio, aos herdeiros que já integram o quadro societário.

Hernani Estrella,[201] em análise da questão sob o enfoque de provável ofensa ao direito sucessório, e no que toca ao aspecto patrimonial, com prefixação do pagamento de haveres, ou recebimento do contingente societário do falecido, esclarece que, embora possa parecer infringente à intangibilidade das legítimas ou das regras da partilha, assim não se caracteriza.

Conquanto o contrato de sociedade, como qualquer outro ato jurídico, possa ter por escopo fraudar a lei, não se pode fundar a negativa da estipulação contratual em eventual ou provável possibilidade de ofensa ao ordenamento.

Respeitados os limites postos pela lei, é válida a estipulação. A idoneidade da cláusula deve atentar aos limites da legítima e da igualdade de partilha. Assim sendo, nada obsta o seu cumprimento.

Vistas as possibilidades de ingresso na condição de sócio, cabenos a seguir o exame das disposições do contrato social quanto ao direito ao aspecto pecuniário das quotas sociais.

1.3.2. As disposições do contrato social quanto ao direito ao valor das quotas sociais

A ampla margem de regulação das disposições que preveem o destino das quotas sociais em seu aspecto pessoal – condição de sócio ou *status socii* – não encontra correspondência no que trata do destino das quotas sociais em seu aspecto patrimonial. A margem regulatória do contrato social é reduzida quando se trata de direito patrimonial. Posto que o inciso XXII do artigo 5º da Constituição da República assegure o direito de propriedade, compreendido como o feixe de direitos de usar, gozar e dispor da coisa, há limitações impostas pelo direito sucessório, em disposição também de índole constitucional. Diz o inciso XXII do artigo 5º:

> Art. 5º Todos são iguais perante a lei, sem distinção de qualquer natureza, garantindo-se aos brasileiros e aos estrangeiros residentes no País a inviolabilidade do direito à vida, à liberdade, à igualdade, à segurança e à propriedade, nos termos seguintes:
> (...)
> XXII – é garantido o direito de propriedade;

---

[201] ESTRELLA, *Apuração...*, p. 109.

A Constituição da República é marco regulatório inicial do direito hereditário. Previsto como direito fundamental, o direito de herança é constitucionalmente assegurado pelo inciso XXX do artigo 5º da Constituição da República de 1988, que diz:

> Art. 5º Todos são iguais perante a lei, sem distinção de qualquer natureza, garantindo-se aos brasileiros e aos estrangeiros residentes no País a inviolabilidade do direito à vida, à liberdade, à igualdade, à segurança e à propriedade, nos termos seguintes:
> (...)
> XXX – é garantido o direito de herança.

Nessa linha, as disposições contratuais que tratem da destinação do aspecto pecuniário das quotas sociais, em disposição assentada no direito de propriedade, dada a possível ofensa às normas de direito sucessório, deve ser tratada com cautela.

Não obstante, nesse particular, nascem alguns questionamentos.

1.3.2.1. Testamento e Contrato Social

O primeiro questionamento diz em relação à aparente similaridade que se cria entre o contrato social e o testamento, quando se trata de disposições cujos efeitos terão eficácia com a morte do sócio.[202] A condição de eficácia verificada nas disposições de última vontade previstas no testamento – ou legado – e no contrato social é a mesma: a morte do sócio. Entretanto, a similaridade é aparente.

A sucessão *mortis causa* possui duas vertentes reguladas legislativamente. Ou se dá pela lei (legítima) ou por disposição de última vontade (testamentária),[203] consoante dispõe o artigo 1.786 do Código Civil.

A sucessão legítima na sociedade limitada é regida pelos artigos 1.829 a 1.856 do Código Civil, quando inexistente contrato social que contenha disposição a respeito do destino das quotas sociais

---

[202] Para mais acerca da utilização do testamento como instrumento de planejamento sucessório, consultar excelente artigo de Jamil Andraus Hanna BANNURA, intitulado *O uso do testamento como ferramenta de Planejamento Sucessório*, apresentado no VI Congresso Brasileiro de Direito de Família, realizado em Belo Horizonte/MG, entre 14 e 17 de novembro de 2007 (http://www.ibdfam.org.br/?congressos&evento=6&anais)

[203] VELOSO, Zeno. Parte Especial: do Direito das Sucessões. In: AZEVEDO, Antônio Junqueira (Coord.) *Comentários ao Código Civil*. São Paulo: Saraiva, 2003. v. 21: arts. 1.857 a 2.027, p. 1.

pertencentes ao sócio falecido, aspecto a ser abordado na segunda parte desse trabalho.

A sucessão testamentária regula-se pelos artigos 1.857 e seguintes do Código Civil. O direito brasileiro adota, assim, a liberdade de testar, limitando-a à metade da herança, quando da existência de herdeiros necessários.[204]

O testamento é negócio jurídico unilateral, personalíssimo, gratuito e solene, que exterioriza a última vontade do testador,[205] tendo eficácia com sua morte.

As disposições que tratam do destino das quotas sociais, constantes no contrato social, possuem nível qualificativo superior às disposições constantes em testamento, em razão da presença dos demais sócios. O *quorum* para a aprovação de disposição societária, regulando o destino das quotas sociais e, indiretamente, o destino da própria sociedade, e em último grau, da empresa (atividade)[206] realizada, confere ao contrato social a instrumentalidade necessária e bastante para regular a transmissão *causa mortis* das quotas sociais do sócio falecido.

O *quorum* do contrato social é ausente no testamento, ato personalíssimo e unilateral. O testamento, porque ato unilateral e personalíssimo, não se vincula ou compromete-se com a sociedade formada pelos demais sócios. O testamento não tem compromisso com o passado ou futuro da sociedade e da empresa por esta desenvolvida. Ou seja, a vontade de um sócio, plasmada em testamento, em relação a assunto de necessária e exigida presença e expressão da vontade de todos os outros sócios, não tem o mesmo nível qualitativo da vontade expressada no contrato social. Por isso se afirma a maior qualificação do contrato social em dispor acerca do destino das quotas sociais por ocasião da morte de um dos sócios.

No caso de constituição inicial da sociedade limitada, a participação de todos os sócios é decorrência da formação inicial da so-

---

[204] O resguardo da 'legítima necessária', na linguagem de Pontes De Miranda, tem base histórica, muito bem depurada pelo autor (PONTES DE MIRANDA, *Tratado...*, v. 55, §5.519, p. 204-212).

[205] VELOSO, Zeno. Testamentos: noções gerais e formas ordinárias. FRANCIULLI NETO, Domingos; MENDES, Gilmar Ferreira; MARTINS FILHO, Ives Gandra da Silva (Coord.) *O novo Código Civil*: estudos em homenagem ao Professor Miguel Reale. São Paulo: LTr, 2003, p. 1387.

[206] GALGANO, Francesco. *Diritto privato*, p. 479 e seguintes.

ciedade, seguindo as disposições do artigo 997 do Código Civil,[207] norma prevista para a sociedade simples, aplicável subsidiariamente às sociedades limitadas, dada a omissão no capítulo próprio das sociedades limitadas quanto aos requisitos do contrato social e da formação da sociedade.

Todavia, as modificações do contrato social regem-se pelo disposto no inciso I do artigo 1.076, que determina o quorum de votação mínimo correspondente a três quartos do capital social.[208]

O testamento, de outro lado, é negócio jurídico que se aperfeiçoa com a manifestação de vontade personalíssima do declarante,[209] conforme letra da primeira parte do artigo 1.858 do Código Civil, e revogável também pela vontade exclusiva e pessoal do testador, de acordo com o mesmo artigo 1.858, *in fine*. Ou seja, a estipulação de beneficiários via testamento, ou a sua alteração para excluir os beneficiários, substituí-los por outro ou agregar outros, tem caminho facilitado e independentemente da participação de outrem.

Mais ainda, o testamento somente pode ser impugnado após a morte do testador, porque sua eficácia tem por condição o óbito deste. As modificações do contrato social, entretanto, podem ser questionadas pelos signatários, sócios da sociedade limitada, antes e após a morte de algum dos sócios.

Disso resulta, sob a ótica da sociedade e do direito de empresa, maior legitimidade da previsão contratual da participação dos herdeiros no valor das quotas (haveres sociais) e participação nos

---

[207] "Art. 997. A sociedade constitui-se mediante contrato escrito, particular ou público, que, além de cláusulas estipuladas pelas partes, mencionará: I – nome, nacionalidade, estado civil, profissão e residência dos sócios, se pessoas naturais, e a firma ou a denominação, nacionalidade e sede dos sócios, se jurídicas; II – denominação, objeto, sede e prazo da sociedade; III – capital da sociedade, expresso em moeda corrente, podendo compreender qualquer espécie de bens, suscetíveis de avaliação pecuniária; IV – a quota de cada sócio no capital social, e o modo de realizá-la; V – as prestações a que se obriga o sócio, cuja contribuição consista em serviços; VI – as pessoas naturais incumbidas da administração da sociedade, e seus poderes e atribuições; VII – a participação de cada sócio nos lucros e nas perdas; VIII – se os sócios respondem, ou não, subsidiariamente, pelas obrigações sociais".

[208] "Art. 1.076. Ressalvado o disposto no art. 1.061 e no § 1º do art. 1.063, as deliberações dos sócios serão tomadas: I – pelos votos correspondentes, no mínimo, a três quartos do capital social, nos casos previstos nos incisos V e VI do art. 1.071"; e "Art. 1.071. Dependem da deliberação dos sócios, além de outras matérias indicadas na lei ou no contrato: (...) V – a modificação do contrato social". O Código Civil de 2002 abandonou o princípio majoritário como regra nas deliberações dos sócios na condução da vida societária. Para mais, WALD, Direito de Empresa, v. 14, p. 512-513.

[209] "A manifestação de vontade do testador não é receptícia" (VELOSO, Parte Especial: do Direito das Sucessões, v. 21, p. 11).

Marco Antonio Karam Silveira

lucros. Ou seja, o contrato social, como documento de formação e de regramento da vida da sociedade, traduz de modo mais fiel a "vontade" da própria sociedade.

Nelson Abrão,[210] citando Cañizares e Aztiria, diz que

A expressão da vontade dos sócios é indispensável para que a sociedade funcione. Quando se nomeiam gestores e representantes da sociedade, os sócios não se desprendem de sua condição. E esta condição leva consigo a faculdade de decidir a respeito da marcha dos negócios sociais e também a respeito da modificação da organização social.

Essa "vontade societária", contudo, não estará presente quando tais disposições estiverem presentes em testamento que preveja a exclusão da participação dos herdeiros na vida social da empresa tanto como sócios quanto como credores do valor patrimonial das quotas sociais ou dos lucros e dividendos da sociedade.

A vontade, no testamento, é apenas do testador, sócio da limitada, que dispõe acerca da destinação de suas quotas sociais, sem a participação dos demais sócios.

Quanto ao ponto, Fran Martins[211] ensina:

A vontade isolada do sócio, portanto, não pode dar lugar à transferência das quotas, como nas sociedades anônimas, pelo princípio muito claro de que nesta a mudança do proprietário da ação não modifica a estrutura interna da sociedade, enquanto que na por quotas essa estrutura é afetada quando sai e entra um sócio.

E complementa: "a entrada de um novo sócio deve receber o beneplácito da unanimidade, permitindo a lei aos que divergirem retirarem-se da sociedade, devidamente reembolsados."

Ora, a alteração da estrutura interna da sociedade limitada, notadamente as de formação com caráter *intuitu personae*, impedirá que o testamento contenha previsão que legue a herdeiro as quotas sociais na condição de sócio. Somente se admitirá tal disposição quando o testador deixar ao beneficiário o correspondente ao valor das quotas sociais ou então a própria condição de sócio, com direito a titularidade das quotas sociais, sob condição suspensiva da manifestação dos demais sócios quanto à admissão ou não do beneficiário

---

[210] CAÑIZARES; AZTIRIA, *Tratado de sociedades de responsabilidad limitada en derecho argentino y comparado*. apud ABRÃO, *Sociedades...*, p. 189-190.

[211] MARTINS, *Sociedade...*, v. 2, p. 656-657.

como sócio. O testamento que assim disponha somente teria eficácia com a manifestação dos sócios aceitando a entrada do beneficiário.

A similaridade entre as disposições do contrato social que prevêem a destinação das quotas sociais do sócio falecido com as disposições de eventual testamento, também prevendo a destinação de suas quotas sociais para além da morte, somente se explica na vigência do Código Comercial de 1850 e do Código Civil de 1916. Lá, a morte de um dos sócios implicava liquidação da sociedade, salvo se excepcionada pelo contrato social. Em razão disso, o contrato social deveria prever a continuidade da empresa com a morte de um dos sócios.[212] Tal previsão integrante do contrato social, e já com participação dos demais sócios, dispensava o consentimento posterior, pois com essa previsão os sócios estavam cientes de antemão da futura entrada dos herdeiros do sócio falecido como sócios da sociedade.[213]

A legislação atual que trata das hipóteses de dissolução da sociedade não prevê a liquidação da sociedade pela morte de um dos sócios.[214] Assim, a continuidade formal da empresa não fica abalada com a morte de um dos sócios e a entrada de eventuais herdeiros, ou a regulação especial para além da morte do sócio, fica a cargo do contrato social.

1.3.2.2. Previsão de exclusão do valor das quotas aos herdeiros (limitações)

O inciso XXX do artigo 5º da Constituição da República deve ser interpretado em consonância com os artigos 1.789 e 1.846 do Código Civil, que resguardam a legítima dos herdeiros necessários. As normas são assim redigidas:

Art. 1.789. Havendo herdeiros necessários, o testador só poderá dispor da metade da herança.

---

[212] MARTINS, *Sociedade...*, v. 2, p. 775-776.

[213] Ibid., v. 2, p. 664.

[214] A redação do artigo 1.033 do Código Civil de 2002 diz: "Art. 1.033. Dissolve-se a sociedade quando ocorrer: I – o vencimento do prazo de duração, salvo se, vencido este e sem oposição de sócio, não entrar a sociedade em liquidação, caso em que se prorrogará por tempo indeterminado; II – o consenso unânime dos sócios; III – a deliberação dos sócios, por maioria absoluta, na sociedade de prazo indeterminado; IV – a falta de pluralidade de sócios, não reconstituída no prazo de cento e oitenta dias; V – a extinção, na forma da lei, de autorização para funcionar".

> Art. 1.846. Pertence aos herdeiros necessários, de pleno direito, a metade dos bens da herança, constituindo a legítima.

Os herdeiros necessários são os descendentes, os ascendentes e o cônjuge, conforme dicção do artigo 1.845 do Código Civil. A classificação legal impõe que os herdeiros necessários não podem ser alijados da sucessão por ato de vontade do sucedido.

A forma de cálculo da legítima é dada pelo artigo 1.847 do Código Civil, que diz:

> Art. 1.847. Calcula-se a legítima sobre o valor dos bens existentes na abertura da sucessão, abatidas as dívidas e as despesas do funeral, adicionando-se, em seguida, o valor dos bens sujeitos a colação.

Note-se que a prescrição legal para cálculo da legítima fala em "valor dos bens", e não o "total dos bens" existentes na abertura da sucessão. No dizer de Giselda Hironaka, tal cálculo somente tem sentido quando da existência de testamento deixado pelo testador ou de doação feita em vida pelo *de cujus* aos seus herdeiros necessários.[215] Acrescente-se que o referido cálculo também interessa quando da elaboração de contrato social que preveja a transferência *causa mortis* de suas quotas, seja para a própria sociedade, para os sócios remanescentes, para terceiros ou para um ou alguns dos herdeiros necessários, com o fulcro de avaliar o excesso ou não sobre a parte indisponível: a legítima.

Assim, para o cálculo da legítima parte-se do acervo patrimonial do *de cujus*, apartando-se os seus bens exclusivos e a meação,[216] se existente, resultando no monte partível, do qual serão subtraídas as dívidas do *de cujus* e as despesas com funeral, obtendo-se o monte líquido, que por sua vez, dividido por dois, constituir-se-á da legítima e da parte disponível.[217]

Posto que o exame detalhado da meação será feito na segunda parte do presente estudo, cabe advertir que, conforme o regime de

---

[215] HIRONAKA, Parte Especial: do Direito das Sucessões, v. 20, p. 255.

[216] As questões sobre a meação são depuradas em tópico infra, na segunda parte do estudo.

[217] Giselda Maria Fernandes Novaes Hironaka adverte que, numa segunda fase, os bens doados aos herdeiros necessários também devem ser contemplados na formação da legítima, porquanto não retirados expressamente da parte disponível, mediante o instituto da colação, de forma a igualar os quinhões hereditários. Da mesma forma, as doações efetuadas pelo *de cujus* em vida aos seus herdeiros necessários também devem ser avaliadas para identificar a inoficiosidade das liberalidades, visando preservar a legítima (HIRONAKA, Parte Especial: do Direito das Sucessões, v. 20, p. 256-257).

bens, a execução da previsão do contrato de sociedade do destino das quotas sociais deve atentar aos bens (quotas sociais) que integram a órbita pecuniária do casal. Se as quotas se comunicam, há restrição, na execução da liberalidade prevista no contrato social, em relação à meação. Se o regime adotado afasta a comunicação das quotas sociais, não há falar em limitação da liberalidade pela meação.

Com as ressalvas à meação, o autor da herança pode dispor de metade de seu patrimônio (parte disponível), deixando a outra metade (legítima) aos herdeiros.[218] Assim, ao mesmo tempo que se respeita o direito de herança, assegurado por força constitucional, possibilita-se que o autor da herança disponha da outra metade de seus bens, no caso as quotas sociais da sociedade limitada de que participa, de forma livre, nos termos e limitações do que venha a ser pactuado com os demais sócios, respeitando, aqui, a regra do § 1º do artigo 1.857, que diz:

> Art. 1.857. Toda pessoa capaz pode dispor, por testamento, da totalidade dos seus bens, ou de parte deles, para depois de sua morte.
> § 1º A legítima dos herdeiros necessários não poderá ser incluída no testamento.

Pontes de Miranda[219] já deixava clara a possibilidade de limitação do direito sucessório em relação ao aspecto patrimonial das quotas, ao dizer "no testamento ou em ato entre vivos, inclusive no contrato social ou nos estatutos, pode ser feita a partilha futura da quota social, mas só é de atender-se se não ofende as legítimas."

Assim, previsão contratual que vede o pagamento de haveres do *de cujus* aos herdeiros, direcionando-os a terceiros, a algum dos herdeiros ou a própria sociedade, tem suporte na autonomia da vontade dos sócios, quanto mais na "vontade da sociedade", para livremente disporem acerca do futuro da sociedade e limitação nas regras constitucionais e de direito sucessório, que estabelece, primeiramente, o direito à herança como direito fundamental e, por norma civil sucessória, a conceituação de herança legítima.

---

[218] Giselda Maria Fernandes Novaes Hironaka comentando o artigo 1.789 diz: "O legislador nacional, portanto, sempre buscou preservar os herdeiros necessários, que não podem ser afastados da sucessão, exceto se presente uma das causas que determinem sua deserdação ou sua exclusão, por indignidade. Mas nem por isso retirou do testador a liberdade de dispor de seus bens, confeccionando testamento..." (Ibid., p. 51-52).

[219] PONTES DE MIRANDA, *Tratado...*, v. 49, § 5.189-3, p. 149.

Marco Antonio Karam Silveira

A norma do artigo 1.789 é coerente com a limitação imposta pela norma do artigo 549[220] do Código Civil, que, ao tratar da transmissão de bens por ato *inter vivos*, faz menção à parte disponível, que pode ser transmitida por testamento, considerando nula a doação (doação inoficiosa) que adentrar na legítima dos herdeiros.

Destarte, o limite das disposições do contrato social que vede o ingresso dos herdeiros no quadro social ou negue o pagamento de haveres é a legítima.[221] Em relação aos bens não integrantes da legítima, o autor da herança, aqui plasmada na figura do sócio da sociedade limitada, pode dispor da forma como quiser, com liberalidade.

Chega-se, nessa linha, a seguinte possibilidade de exemplificação: o sócio de sociedade limitada, titular de "patrimônio" "x" (entendendo-se patrimônio, aqui, como monte líquido partilhável) pode vedar o pagamento de haveres ou qualquer tipo de participação dos herdeiros na sociedade a qual pertença, desde que as quotas desta sociedade representem "x/2", ou seja, metade de seu "patrimônio" (monte líquido partilhável). A outra metade, tida como legítima, será herdada pelos herdeiros do sócio. Desse modo, como dito, respeita-se o direito hereditário e resguarda-se a integridade patrimonial da sociedade.

Nesse ponto, a lição de José Luiz Gavião de Almeida, que, após discorrer a respeito da vedação de conversão dos bens da legítima, presente no §1º do artigo 1.848 do CC, ressalva que "não se impede, entretanto, que o testador possa indicar os bens com os quais quer ver contemplados seus herdeiros necessários".[222]

Acentua-se, ainda, que o § 1º do artigo 1.857 do CC assegura que, afora a legítima, a parte remanescente do patrimônio do sócio falecido pode ser disposta em testamento.

---

[220] O artigo diz: "Art. 549. Nula é também a doação quanto à parte que exceder à de que o doador, no momento da liberalidade, poderia dispor em testamento."

[221] "Não obstante, deve-se anotar que, não havendo violação dos direitos dos herdeiros à legítima, o sócio pode convencionar que, em caso de falecimento, a sociedade será beneficiada com parte ou a totalidade de seus haveres respectivos" (WALD, *Direito de Empresa*, v. 14, p. 388).

[222] ALMEIDA, José Luiz Gavião de. Direito das sucessões em geral, sucessão legítima. In: AZEVEDO, Antônio Junqueira (Coord.) *Comentários ao Código Civil*. São Paulo: Saraiva, 2003, v. 18: arts. 1.784 a 1.856, p. 263/264.

E, por fim, o artigo 2.014, também do CC, inovando frente ao Código revogado, autoriza o testador a "indicar os bens e valores que devem compor os quinhões hereditários, deliberando ele próprio a partilha, que prevalecerá, salvo se o valor dos bens não corresponder às quotas estabelecidas".

Arnaldo Rizzardo, comentando a norma do artigo 2.014, diz que "está prevista mais diretamente no cânone a hipótese de o próprio testador indicar os valores e bens que irão compor os quinhões hereditários".[223]

Para Eduardo Oliveira Leite,[224] o dispositivo "só encontra legitimidade na irresistível tendência do legislador brasileiro de priorizar a autonomia da vontade, que domina soberano o ambiente das disposições testamentárias", somente limitada pela legítima dos herdeiros.

A sociedade, assim mantida, preservaria seus interesses sociais nas mãos dos sócios remanescentes, apartando-a do ingresso dos herdeiros do sócio falecido, inclusive com a possibilidade de negativa de pagamento de haveres.

As quotas sociais podem, inclusive, ser transmitidas a própria pessoa jurídica da qual o *de cujus* era sócio, permissão essa expressa em inovação trazida no inciso II do artigo 1.799 do Código Civil.[225]

1.3.2.3. Previsão de exclusão do valor das quotas a alguns dos herdeiros (limitações)

O outro questionamento possível diz em relação à eventual diferenciação entre herdeiros, na hipótese de o sócio dispor, no contrato social, que os haveres serão pagos a apenas um ou alguns dos herdeiros, em detrimento de outros, respeitando-se, não obstante, a legítima.

A hipótese pode ser conjugada com a circunstância em que a sociedade é formada por sócios descendentes do sócio morto ou for-

---

[223] RIZZARDO, Arnaldo. *Direito das sucessões:* Lei nº 10.406 de 10.01.2002. 2. ed. Rio de Janeiro: Forense, 2005, p. 718.

[224] LEITE, Eduardo de Oliveira. *Comentários ao Novo Código Civil:* direito das sucessões. 2. ed. Rio de Janeiro: Forense, 2003. v. 21: arts. 1.784 a 2.027, p. 792.

[225] Giselda Maria Fernandes Novaes Hironaka sintetiza discussão quanto à possibilidade das pessoas jurídicas irregulares ou de fato e as em liquidação, de adquirirem bens ou direitos por ato de última vontade (HIRONAKA, Parte Especial: do Direito das Sucessões, v. 20, p. 97/98).

mada por seus descendentes e pelo cônjuge ou companheiro deste ou, ainda, seguindo a linha de vocação de hereditária, por ascendentes. Enfim, o problema torna-se mais agudo quando a estipulação do destino das quotas sociais diferencia algum ou alguns dos herdeiros como beneficiário das quotas sociais deixadas pelo *de cujus*.

A diferenciação, nessa hipótese, não é possível. Não se justifica tratamento diverso entre herdeiros quanto ao valor das quotas sociais. Quando se estava a tratar da deixa aos herdeiros do aspecto pessoal das quotas, afirmou-se que eventual diferenciação entre os herdeiros era possível, tendo em vista os caracteres pessoais a serem considerados para entrada de sócio na sociedade limitada. Afirmou-se também que, invariavelmente, essa participação societária, na qualidade de sócio (*status socii*), carregava consigo o aspecto patrimonial das quotas.

Pois bem, no que se relaciona à previsão do contrato de sociedade, em excluir dos futuros herdeiros o aspecto patrimonial das quotas sociais, não se pode criar diferenciações para, afastando um herdeiro, contemplar outro. Afinal, as características pessoais em nada influenciam para que este ou aquele herdeiro receba os valores decorrentes das quotas sociais, porque esses não ingressarão na sociedade. Deixar aos herdeiros o direito ao valor das quotas, ou excluir esses direitos, apenas tem razão no interesse da própria sociedade, e não do sócio a falecer.

Assim, apenas é dado ao contrato social afastar, por inteiro, a expectativa de direito dos herdeiros em relação ao valor das quotas ou, contemplando um, contemplar todos, partilhando as quotas de modo igual.

Certo, como acima afirmado, a deixa da posição de sócio acaba por arrastar também o aspecto patrimonial das quotas. Nessa hipótese, atrelado ao direito pessoal exercido, ou a exercer pelo herdeiro, vem o direito patrimonial. Entretanto, este vem na esteira daquele e, embora possa significar, casualmente, modo de beneficiar indiretamente este ou aquele herdeiro, fraudando o direito hereditário, o exercício da qualidade de sócio (*status socii*) pelo herdeiro é o que conduziu o sócio a falecer a prever esta consequência.

Eventual fraude ao direito hereditário de outro, ou outros herdeiros, deverá ser aferida em concreto, diante das peculiaridades da estipulação, mediante ação que vise a desconstituir o ato tido como fraudatório, citando-se, a propósito, todos os herdeiros, em litisconsórcio necessário.

Seja como for, no tocante ao direito patrimonial, não é possível ao contrato social estabelecer diferenças entre herdeiros.

1.3.2.4. Previsão de dissolução da sociedade por acordo prévio no contrato social e consequente pagamento do valor das quotas

No regramento atual, a morte de um dos sócios não leva à dissolução da sociedade. Desse modo, se a morte de um dos sócios for considerada motivo bastante para a não continuidade da sociedade, em razão dos atributos pessoais de um desses, os sócios deverão fazer constar, no contrato social, que a morte de um dos sócios acarretará a dissolução da sociedade. O acordo poderá ser prévio à morte de um dos sócios, o que contará com sua participação na deliberação, ou posterior à morte, por óbvio, sem sua participação.

O acordo previsto em contrato social, a que se refere este tópico, é prévio à ocorrência do evento morte e pressupõe a inexistência de qualquer outra deliberação, quanto ao destino das quotas sociais do sócio falecido.

O acordo prévio entre os sócios quanto à destinação a ser dada ao direito pessoal das quotas, com entrada de herdeiros no quadro societário (tópico supra), afasta, por evidente, cláusula de extinção da sociedade em caso de morte. Se a morte é condição de eficácia para a entrada de herdeiros do sócio na sociedade, não tem sentido que o mesmo contrato preveja o fim da sociedade.

No que toca ao aspecto patrimonial das quotas, poderá ocorrer disposição no sentido de que a morte de um dos sócios acarretará a dissolução da sociedade, com consequente liquidação dos haveres dos herdeiros do sócio falecido, fazendo a destinação desses haveres conforme disposição do contrato social, nos limites acima vistos.

O *quorum* de aprovação para a dissolução societária é o previsto no inciso I do artigo 1.076 do Código Civil. Entretanto, a jurisprudência já se pronunciou que, em caso de oposição de um dos sócios à dissolução, esta não é decretada, com base no princípio da preservação da empresa.[226]

---

[226] COELHO, *A sociedade...*, p. 145.

Por outro lado, a existência de acordo prévio, no referente ao direito pessoal às quotas, gera cláusula de bloqueio à dissolução da sociedade por exclusiva decisão dos sócios remanescentes. A opção pela extinção da sociedade, em caso de entrada de herdeiros no quadro social, dependerá da anuência desses herdeiros.

Em casos tais, a oposição judicial de qualquer dos sócios ou herdeiros-sócios interessados, respectivamente, tem de se dar mediante a propositura de ação visando à restauração da sociedade (tutela de remoção do ilícito) ou a impedir a averbação da dissolução no registro (tutela inibitória). Ambas as tutelas podem ser viabilizadas a partir do artigo 461 do Código de Processo Civil.

2. A transmissão *causa mortis* da participação societária do sócio na sociedade limitada na omissão do contrato social

(aplicação do regramento do *caput* do artigo 1.028 combinado com o artigo 1.784, e incisos II e III do artigo 1.028 do Código Civil)

Na omissão do contrato social, e desde que não haja deliberação entre os herdeiros do sócio falecido e os sócios remanescentes para substituição do sócio falecido pelos seus herdeiros (Código Civil, artigo 1.028, inciso III), as normas de direito sucessório aplicam-se integralmente na transmissão das quotas sociais do sócio falecido da sociedade limitada.[227] Como já estudado, o princípio da saisina estabelece que as quotas sociais pertencentes ao sócio falecido, na qualidade de bens integrantes da herança, transmitem-se, desde logo, aos herdeiros. A regra geral da transmissão do patrimônio em razão da morte diz:

> Art. 1.784. Aberta a sucessão, a herança transmite-se, desde logo, aos herdeiros legítimos e testamentários.

Pela saisina, o que se transmite é o direito ao valor econômico das quotas sociais, e não a posição de sócio. Ou seja, o herdeiro não passa a gozar, *per si*, da condição de sócio da sociedade limitada pela morte do *de cujus*, sócio desta. Ao contrário, a regra é de que o her-

---

[227] No mesmo sentido, o artigo 1.001 do Código Civil português que, também inspirado no artigo 2.284 do Código Civil italiano, previu a continuidade da sociedade em caso de morte de um sócio e omissão do contrato social, com liquidação das quotas do sócio falecido. Segundo Raúl Ventura, "o legislador erigiu, portanto, em regra supletiva legal, a antiga cláusula de estabilização" (VENTURA, *Dissolução....*, p. 168).

deiro haverá apenas o valor das quotas sociais. A condição de sócio somente é adquirida com base em disposição do contrato social ou por acordo posterior entre herdeiros e sócios sobrevivos.

Omissa previsão no contrato de sociedade acerca das consequencias da morte do sócio, aplica-se o direito hereditário integralmente, que repercute apenas no aspecto pecuniário das quotas sociais, e não no aspecto pessoal (condição de sócio). Não obstante, decorre da omissão do contrato social liberação aos sócios remanescentes para adotarem duas outras alternativas. A primeira é permitir a entrada dos herdeiros como sócios. Depois, é a decisão de dissolver a sociedade. A segunda opção mantém a mesma consequência aos herdeiros: liquidação das quotas sociais pertencentes ao sócio falecido. A primeira pode reduzir ou afastar o valor que será pago aos herdeiros, caso estes adentrem na sociedade, utilizando-se de parte das quotas sociais ou da integralidade destas, respectivamente. Trataremos das duas hipóteses a seguir.

Por agora, para a boa compreensão da forma como ocorre a sucessão *mortis causa* na sociedade limitada, importante o exame das regras do direito sucessório previstas no Código Civil. Assim, de rigor a exposição das regras básicas de direito sucessório para compará-las às regras do direito da empresa, que tratam da morte do sócio, e para estudar os problemas sucessórios surgidos pela transmissão *causa mortis* das quotas sociais aos herdeiros do sócio falecido, na omissão do contrato social.

Convém expor que o Código Civil, no artigo 974, *in fine*, do Livro próprio do Direito de Empresa, previu a possibilidade de continuidade da empresa pelo herdeiro menor, em caso de falecimento do sócio.

Destarte, *a priori*, há disciplina diferenciada para a continuidade da empresa pelos herdeiros conforme seu estado de capacidade. Para o incapaz, a lei prevê expressamente a possibilidade de continuidade, enquanto a omissão para os herdeiros maiores e capazes leva ao regramento do artigo 1.784, por força do *caput* do artigo 1.028.

Veremos a seguir cada uma dessas hipóteses de transmissão das quotas sociais.

2.1. A sucessão dos herdeiros (saisina e liquidação das quotas)

A capacidade para suceder é regulada pela lei em vigor no momento da morte, conforme o disposto no artigo 1.787 do Código Civil:

> Art. 1.787. Regula a sucessão e a legitimação para suceder a lei vigente ao tempo da abertura daquela.

A determinação de qual lei regerá a sucessão importa para a fixação da capacidade daqueles que herdarão.

O direito sucessório estabelece a ordem de vocação hereditária. Diz o art. 1.829 do Código Civil:

> Art. 1.829. A sucessão legítima defere-se na ordem seguinte:
> I – aos descendentes, em concorrência com o cônjuge sobrevivente, salvo se casado este com o falecido no regime da comunhão universal, ou no da separação obrigatória de bens (art. 1.640, parágrafo único); ou se, no regime da comunhão parcial, o autor da herança não houver deixado bens particulares;
> II – aos ascendentes, em concorrência com o cônjuge;
> III – ao cônjuge sobrevivente;
> IV – aos colaterais.

O Código Civil elevou o cônjuge sobrevivente à condição de herdeiro necessário, primeiramente, em concorrência com os descendentes e depois com os ascendentes.

O artigo 1.845 diz:

> Art. 1.845. São herdeiros necessários os descendentes, os ascendentes e o cônjuge.

Assim, o cônjuge sobrevivente herda, quando o regime matrimonial houver sido convencionado ou tratar-se de regime da comunhão parcial com a existência de bens particulares deixados pelo *de cujus*.

A concorrência do cônjuge com os descendentes regula-se pelo art. 1.832, que estabelece:

> Art. 1.832. Em concorrência com os descendentes (art. 1.829, inciso I) caberá ao cônjuge quinhão igual ao dos que sucederem por cabeça, não podendo a sua quota ser inferior à quarta parte da herança, se for ascendente dos herdeiros com que concorrer.

Não havendo previsão no contrato social da sociedade limitada de ingresso dos descendentes, cônjuge ou companheiro na sociedade, a partilha dar-se-á com base no valor das quotas sociais, seguindo estritamente as regras do direito das sucessões.

2.1.1. A sucessão do cônjuge e do companheiro

A sucessão, na hipótese de omissão do contrato social, regula-se pela ordem de vocação hereditária, prevista no artigo 1.829 do Código Civil, que aqui restringimos aos descendentes filhos, ao cônjuge e à companheira. A limitação de análise da linha sucessória tem razão na medida em que as conclusões relativas ao direito sucessório dos descendentes filhos, cônjuge e companheira, além de apresentarem certa conexão com os ascendentes e colaterais, serve para estes, ao que interessa ao presente estudo.

Na ordem de vocação hereditária encontra-se o direito hereditário dos descendentes, concorrendo com o cônjuge supérstite, dos ascendentes, também em concorrência com o cônjuge, do cônjuge sobrevivente e, por fim, dos colaterais, seguindo regra do artigo 1.829 do Código Civil. Os herdeiros necessários, como transcrito no artigo 1.845, são os descendentes, ascendentes e o cônjuge.

Primeiramente, vamos analisar a situação sucessória das quotas sociais em relação ao cônjuge e ao companheiro.

Importante tema do direito sucessório, com agudo reflexo na sucessão do sócio falecido na sociedade limitada, é a redução do *status* do companheiro em relação ao cônjuge. O regramento anterior ao Código Civil de 2002 colocava a companheira no mesmo *status* hereditário do cônjuge. As Leis nº 8.971/94 e nº 9.278/96 previam o direito à meação dos bens comuns, o direito ao usufruto e a inserção da companheira como terceira na ordem de vocação hereditária e o direito real de habitação.[228]

O Código Civil atual estabeleceu regras de direito hereditário à companheira díspares em relação ao cônjuge,[229] nos termos do artigo 1.790, que diz:

---

[228] HIRONAKA, Parte Especial: do Direito das Sucessões, v. 20, p. 54-55; VELOSO, Zeno. Do direito sucessório dos companheiros. In: DIAS, Maria Berenice; PEREIRA, Rodrigo da Cunha (Coord.) *Direito de família e o novo Código Civil*, 3. ed. rev., atual. e ampl. Belo Horizonte: Del Rey, 2003. p. 277-280.

[229] VELOSO, Zeno. Do direito sucessório dos companheiros. In: DIAS, Maria Berenice; PEREIRA, Rodrigo da Cunha (Coord.) *Direito de família e o novo Código Civil*, 3. ed. Belo Horizonte: Del Rey, 2003. p. 277-294, p. 286.

Marco Antonio Karam Silveira

Art. 1.790. A companheira ou o companheiro participará da sucessão do outro, quanto aos bens adquiridos onerosamente na vigência da união estável, nas condições seguintes:

I – se concorrer com filhos comuns, terá direito a uma quota equivalente à que por lei for atribuída ao filho;

II – se concorrer com descendentes só do autor da herança, tocar-lhe-á a metade do que couber a cada um daqueles;

III – se concorrer com outros parentes sucessíveis, terá direito a um terço da herança;

IV – não havendo parentes sucessíveis, terá direito à totalidade da herança.

De logo, cabe observar que o artigo está topicamente mal-inserido. A regra do artigo 1.790 disciplina a ordem de vocação hereditária nos casos de união estável e, portanto, deveria estar localizada no Capítulo III do Livro V do Código Civil, e não nas disposições gerais do Capítulo I.[230]

Para o companheiro sobrevivente, conquanto não haja restrição sucessória tendo por critério o regime de bens, tal como ocorre com o cônjuge, foram estabelecidas diversas hipóteses da quota que irá receber, conforme se trate de filhos comuns ou exclusivos. Se os filhos forem todos comuns, a companheira herda a quota equivalente a que for atribuída ao filho. Se os filhos forem exclusivos do sócio falecido, a companheira herdará a metade da quota que couber a cada um dos filhos. Concorrendo a companheira com outros parentes sucessíveis, terá direito a um terço da herança. Somente na hipótese de inexistirem parentes sucessíveis é que a companheira herda a totalidade da herança.

Há, contudo, em relação à filiação, hipótese híbrida que não foi contemplada pelo Código Civil de 2002. O Código não dispõe acerca da existência conjunta de filhos comuns e exclusivos do sócio falecido. A doutrina criou várias hipóteses interpretativas para colmatar a lacuna. A primeira seria identificar os descendentes como comuns. A segunda, o tratamento seria como se todos os descendentes fossem exclusivos. Ambas as hipóteses ferem o espírito do legislador que pretendeu dar tratamento diferenciado, tratando-se de filhos comuns ou exclusivos. Na primeira hipótese, o companheiro seria

---

[230] Como lembra José Luiz Gavião de Almeida, "o normal era que tratasse da companheira na sucessão legítima, quando regulasse a ordem de vocação hereditária. Talvez ainda por preconceito contra a inclusão da companheira entre os herdeiros, preferiu regular a matéria no capítulo referente às disposições gerais sobre a sucessão" (ALMEIDA, *Código...*, v. 18, p. 59). No mesmo sentido: VELOSO, op. cit., p. 285; RIZZARDO, *Direito das...*, p. 199; LEITE, *Comentários...*, v. 21, p. 53-54).

beneficiado, porquanto receberia quota equivalente à recebida por qualquer dos filhos, comuns ou exclusivos. Na segunda, os filhos seriam privilegiados, na medida em que o cônjuge receberia o equivalente à metade de suas quotas, fossem eles comuns ou exclusivos.[231]

A terceira possibilidade seria compor os dispositivos dos incisos I e II do artigo 1.790 do Código Civil, atribuindo uma quota e meia ao companheiro sobrevivente. A hipótese acaba por privilegiar o companheiro sobrevivente, que herdaria uma quota e meia, enquanto aos filhos seria dada uma quota, desvirtuando, assim, a pretendida *ratio* do legislador.

A quarta hipótese seria efetuar a composição dos incisos I e II do artigo 1.790, com divisão patrimonial proporcional, conforme se tratasse de filhos comuns ou exclusivos. Seriam separadas duas sub-heranças entre filhos comuns e exclusivos, de forma proporcional ao número de filhos. Em cada uma dessas sub-heranças, a companheira sobrevivente participaria conforme as regras do inciso I ou II. Ao final, soma-se a quota do cônjuge sobrevivente.[232]

Essa última hipótese era a posição de Giselda Hironaka. Entretanto, na 2ª edição de seus comentários ao Código Civil, a Professora da USP inovou ao aplicar aos casos de filiação híbrida a denominada fórmula algébrica.[233]

De qualquer modo, a sucessão do companheiro fica restrita aos bens adquiridos onerosamente na vigência da união estável.[234]

Concorrendo o companheiro com ascendentes, ou qualquer outro parente sucessível, herdará 1/3 da herança.

---

[231] HIRONAKA, Parte Especial: do Direito das Sucessões, v. 20, p. 60-61.

[232] Essa era a posição de HIRONAKA, Parte Especial: do Direito das Sucessões, v. 20, p. 61-64. Zeno Veloso adota posição de aplicar o inciso II do artigo 1.790 (VELOSO, Do direito..., p. 288-289).

[233] Consoante palestra de Giselda Hironaka, proferida em 12 de dezembro de 2007, na Faculdade de Direito da UFRGS, "a interpretação do dispositivo que levou a este raciocínio e conclusão é do Professor Gabriele Tusa, conforme trabalho apresentado no V Congresso Brasileiro de Direito de Família, em Belo Horizonte, em outubro de 2005", e de que "a construção final da fórmula algébrica deve-se ao Professor Fernando Curi Peres, do Departamento de Sociologia e Economia da ESALQ/USP". Esse novo posicionamento da Professora HIRONAKA consta da 2ª edição da obra "Parte Especial do Direito das Sucessões: da sucessão em geral e da sucessão legítima – Vol. 20" dos *Comentários ao Código Civil*, da Editora Saraiva.

[234] ZENO VELOSO faz severas críticas à restrição do direito sucessório do companheiro para incidir apenas sobre os bens adquiridos onerosamente na vigência da união estável, e à posição sucessória do cônjuge, em geral (Ibid., p. 287 e p. 290-292).

Marco Antonio Karam Silveira

Na hipótese de inexistirem parentes sucessíveis, o companheiro herdará a totalidade da herança, considerada a herança como os bens adquiridos onerosamente, na vigência da união estável, seguindo ao Poder Público os bens adquiridos anteriormente.[235]

Em relação ao cônjuge, as regras acerca de sua posição sucessória, conquanto favorável, diante das novas disposições trazidas pelo Código Civil de 2002, trouxeram série de complicações decorrentes das diversas situações hipotéticas e exceções criadas.[236]

Na omissão do contrato social, e preenchidos os pressupostos legais, o cônjuge sobrevivente sempre irá participar da sucessão do sócio falecido, tendo em vista a condição de herdeiro necessário[237] presente nas duas primeiras classes de herdeiros, também necessários, concorrendo com descendentes e ascendentes.

O primeiro pressuposto a ser preenchido para concorrência do cônjuge com os descendentes é o do regime de bens. O cônjuge não herda, em concorrência com os descendentes, se tiver sido casado no regime da comunhão universal de bens (Código Civil, artigos 1.667 a 1.671) e no regime da separação obrigatória (Código Civil, artigos 1.687 e 1.688, combinados com o artigo 1.641), conforme disposto no inciso I do artigo 1.829 do Código Civil. No primeiro caso, o cônjuge sobrevivente tem garantida apenas a meação, sendo excluído da sucessão, em concorrência com os descendentes. Na segunda hipótese, o cônjuge supérstite não participa da sucessão, em concorrência com os descendentes, e tampouco tem direito à meação.

No regime da comunhão parcial, além do direito à meação dos bens adquiridos na constância da união, o cônjuge herda os bens do sócio falecido, desde que o sócio falecido possua bens particulares, e exatamente uma quota-parte desses bens exclusivos, conforme doutrina majoritária.[238]

---

[235] A doutrina se divide em relação à concorrência do companheiro com o Poder Público, na hipótese de inexistirem parentes sucessíveis. Para Zeno Veloso, o companheiro só herda a "herança" adquirida onerosamente na vigência da união estável (Ibid., p. 289).

[236] HIRONAKA, op. cit., p. 218; VELOSO, op. cit., p. 280.

[237] Zeno Veloso denomina o cônjuge como herdeiro necessário privilegiado, dada a concorrência com os descendentes e com os ascendentes do *de cujus* (Ibid., p. 280).

[238] Zeno Veloso é um dos que entende que a concorrência ocorre apenas sobre os bens particulares (VELOSO, *Do direito...*, p. 281).

No tocante à concorrência com os ascendentes, o cônjuge herda, independentemente do regime de bens, a quota-parte dos bens particulares e fração dos bens comuns.[239]

O outro pressuposto, a ser verificado no momento da abertura da sucessão, em relação à formação do direito sucessório do cônjuge referente aos bens do sócio falecido, é a inexistência de separação judicial, nem separação fática superior a dois anos, salvo prova de que a convivência se tornara impossível, sem culpa do sobrevivente, conforme letra do artigo 1.830, de seguinte teor:

> Art. 1.830. Somente é reconhecido direito sucessório ao cônjuge sobrevivente se, ao tempo da morte do outro, não estavam separados judicialmente, nem separados de fato há mais de dois anos, salvo prova, neste caso, de que essa convivência se tornara impossível sem culpa do sobrevivente.

A questão da culpa da separação de fato trazida no dispositivo acima enseja discussão. A prova da culpa em matéria sucessória, estando morto o outro cônjuge, é de difícil configuração.[240]

Além desse aspecto, conforme posição do Tribunal de Justiça do Estado do Rio Grande do Sul, a questão da culpa não pode ser tratada em tema de separação, porquanto não se pode imputá-la a algum ou a ambos os separandos, transformando matéria de sentimento em responsabilidade.[241]

Concorrendo com os descendentes, ao cônjuge caberá quinhão igual aos dos que sucederem por cabeça, não podendo a sua quota parte ser inferior à quarta parte da herança, sendo os descendentes comuns.

Na hipótese dos descendentes serem exclusivos do autor da herança, o cônjuge herda o mesmo quinhão ao dos descendentes que sucederem por cabeça, mas não tem assegurada a quarta parte.

O legislador não contemplou a hipótese de filiação ou descendência híbrida. Giselda Hironaka propõe a mesma solução anteriormente apontada para a sucessão do companheiro, aplicando-se a

---

[239] HIRONAKA, Parte Especial: do Direito das Sucessões, v. 20, p. 219-220.

[240] RIZZARDO, *Direito...*, p. 189.

[241] São exemplos da orientação da Corte Estadual os seguintes julgados, que, em seu teor, fazem referência ao posicionamento jurisprudencial mencionado: AI 70028356954, Des. Rel. josé Ataíde Siqueira Trindade, j. 12/03/2009; Ap. Cível nº 70027462639, Des Rel. José Conrado de Souza Júnior, j. 04/03/2009; Ap. Cível nº 70026555177, Des Rel. Claudir Fidelis Faccenda, j. 30/10/2008.

fórmula algébrica para a divisão da herança.[242] Zeno Veloso[243] adota a posição de atribuir o mesmo quinhão dos descendentes (exclusivos e comuns), sem reserva da quarta parte.

À falta de descendentes, o cônjuge concorre com os ascendentes do *de cujus*, não havendo restrições ao regime de bens. Concorrendo com os ascendentes de primeiro grau, o cônjuge herda 1/3 da herança. Havendo apenas um ascendente, o cônjuge herda metade da herança.

Na falta de descendentes e ascendentes o cônjuge herda sozinho.

Para melhor apresentar a posição sucessória do cônjuge e da companheira sobrevivente, por ocasião da morte do sócio na sociedade limitada, organizamos este quadro esquemático, que inclui ainda as hipóteses em que ocorre ou não o direito à meação e o direito real de habitação:

Direito à Meação		
	Cônjuge (Casamento)	Companheira (União Estável)
Direito à Meação	Existe no regime da comunhão parcial, relativo aos bens adquiridos na constância do casamento. Existe no regime da comunhão universal. Inexiste no regime da separação obrigatória (legal), salvo dos bens adquiridos na constância do casamento (Súmula 377/STF)	Sempre existente, porquanto adotado o regime da comunhão parcial, em relação aos bens, salvo pacto (CC/1.725).

Direito Sucessório		
	Cônjuge (Casamento)	Companheira (União Estável)
Concorrência com descendentes comuns	Só herda no regime da separação convencional e da comunhão parcial, existindo bens particulares. Herda quota igual à dos filhos (CC/1.829, I e 1.832), mas tem sempre assegurada a quarta parte da herança caso os descendentes sejam comuns (CC/1.832, *in fine*). Não herda no regime da comunhão universal, separação obrigatória e comunhão parcial sem existência de bens particulares.	Quota equivalente à do filho, quanto aos bens adquiridos onerosamente durante a união (CC/1.790, I).

---

[242] O novo posicionamento de Giselda Hironaka está 2ª edição da obra "Parte Especial do Direito das Sucessões: da sucessão em geral e da sucessão legítima – Vol. 20" dos Comentários ao Código Civil, da Editora Saraiva.

[243] VELOSO, Do direito..., p. 282.

Concorrência com descendentes somente do sócio morto (exclusivos)	Idem, à exceção de que não tem assegurada a quarta parte da herança, prevista no CC/1.832, in fine.	Metade da quota que couber a cada um dos filhos do morto (CC/1.790, II).
Concorrência com descendentes do sócio morto (exclusivos) e destes com a sobrevivente (comuns). Situação híbrida.	Não há previsão. Idem, mas também não tem assegurada a reserva da quarta parte do CC/1.832, parte final. Possibilidades interpretativas de colmatação de lacuna:* - descendentes como se fossem todos comuns; - descendentes como se fossem todos exclusivos; - formula algébrica: $X = 2 (F+S) . H$ $2 (F+S)^2 + 2F + S$ $C = \dfrac{2 F+S}{2(F+S)} . X$ Onde, X = quinhão hereditário que caberá a cada um dos filhos; C = o quinhão hereditário que caberá ao companheiro sobrevivente; H = o valor dos bens hereditários sobre os quais recairá a concorrência do companheiro sobrevivente; F = o número de descendentes comuns com os quais concorra o companheiro sobrevivente; S = o número de descendentes exclusivos om os quais concorra o companheiro sobrevivente.	Não há previsão. Possibilidades interpretativas de colmatação de lacuna:** - descendentes como se fossem todos comuns; - descendentes como se fossem todos exclusivos; - composição do CC/1.790, I e II, atribuindo 1 ½ quota ao convivente e; - formula algébrica: $X = 2 (F+S) . H$ $2 (F+S)^2 + 2F + S$ $C = \dfrac{2 F+S}{2(F+S)} . X$ Onde, X = quinhão hereditário que caberá a cada um dos filhos; C = o quinhão hereditário que caberá ao companheiro sobrevivente; H = o valor dos bens hereditários sobre os quais recairá a concorrência do companheiro sobrevivente; F = o número de descendentes comuns com os quais concorra o companheiro sobrevivente; S = o número de descendentes exclusivos com os quais concorra o companheiro sobrevivente.
Concorrência com ascendentes	Tem direito a 1/3 da herança, concorrendo com ambos ascendentes em 1º grau, ou metade da herança, havendo apenas um ascendente, ou de grau superior (CC/1.829, II e 1.837)	Tem direito a 1/3 da herança (CC/1.790, III).
Concorrência com outros parentes sucessíveis (colaterais até 4º grau, conforme artigo 1.839)***	Não concorre com outros parentes (CC/1.829, III). Não havendo descendentes ou ascendentes, o cônjuge herda sozinho, seja qual for o regime de bens (CC/1.838)	Tem direito a 1/3 da herança (CC/1.790, III). Somente herda a totalidade da herança se não existir parentes sucessíveis (CC/1.790, IV).

* Posição interpretativa defendida por Giselda Maria Fernandes Novaes Hironaka, conquanto exponha também outras três possibilidades interpretativas, que as considera inadequadas (HIRONAKA, Parte Especial: do Direito das Sucessões, v. 20, p. 225-226). Em sentido contrário, aplicando o inciso II do artigo 1.790, sem reserva da quarta parte (VELOSO, Do direito..., p. 282).

** HIRONAKA, op. cit., p. 60-64.

*** Giselda Maria Fernandes Novaes Hironaka destaca que "o Código deixa claro até que grau de parentesco serão chamados os colaterais para deliberar acerca da herança de pessoa falecida ab intestato ou, ao menos, falecida sem testamento válido e que abranja a totalidade do patrimônio do testador" (HIRONAKA, op. cit., p. 239).

Direito Real de Habitação		
	Cônjuge (Casamento)	Companheira (União Estável)
Direito Real de Habitação	Tem direito em qualquer regime de bens (CC/1.831).	Não tem previsão. Por analogia, aplica-se o artigo 7º, parágrafo único, da Lei nº 9.278/96.

À conclusão, na omissão do contrato social, o direito do cônjuge e da companheira fica restrito ao valor das quotas sociais, com consequente apuração de haveres. Somente se o contrato social dispuser de modo diverso, para além da participação no valor das quotas, ficará viabilizado o ingresso na qualidade de sócio da sociedade.

Não obstante a verificação da posição sucessória do cônjuge e do companheiro, de rigor pincelar o tema da meação, que por vezes se confunde equivocadamente com o direito sucessório, bem assim um olhar ao tema da relação concubinária.

2.1.1.1. Meação

O exame da influência da meação em tema de direito sucessório requer o cotejo com o regime de bens. Infra (tópico 1.3.2.2), mencionou-se a meação como reserva ou limite ao direito do sócio em dispor das quotas sociais. A perspectiva de estudo, lá, referia-se à origem da estipulação do destino das quotas sociais, subtraindo-se, ou não, a meação, segundo o regime de bens. Aqui, a análise paira sob a ótica dos beneficiados daquelas quotas sociais, se casados ou em união estável.

No regime da comunhão parcial de bens (artigo 1.658 do Código Civil), regime legal aplicável à união estável (artigo 1.725 do Código Civil), os bens adquiridos na constância do casamento (ou durante a união estável) consideram-se comuns, à exceção dos descritos nos artigos 1.659, em especial os bens recebidos por sucessão *mortis causa* ou doação por apenas um dos cônjuges ou companheiros.

Por decorrência do dispositivo, as quotas sociais herdadas por um dos cônjuges não se comunicam ao outro. Portanto, não há direito à meação de quotas sociais, quando essas forem herdadas por um dos cônjuges.

No regime da comunhão universal, a comunicação entre os bens é total (artigo 1.667 do Código Civil), excepcionando-se os descritos no artigo 1.668 do mesmo Código, notadamente os recebidos por doação ou herança com cláusula de incomunicabilidade e os sub-rogados em seu lugar.

Destarte, as quotas sociais recebidas por um dos cônjuges, por sucessão, comunicam-se ao outro cônjuge, desde que não clausuladas.

No regime de participação final nos aquestos, introduzido pelo Código Civil, em seu artigo 1.672, formam-se patrimônios próprios de cada cônjuge, constituído dos bens anteriores ao casamento e dos que vierem a ser adquiridos a título oneroso ou gratuito, com as exceções do artigo 1.674, em especial os bens que sobrevierem a cada cônjuge por sucessão ou liberalidade. A divisão dos bens ocorre com a dissolução da sociedade conjugal por morte ou separação judicial.[244]

Portanto, vindo as quotas sociais a um dos cônjuges, por sucessão *mortis causa*, afasta-se o direito à meação sobre essas.

No regime de separação de bens, cada cônjuge permanece com os bens que possuía e que irá adquirir na constância do casamento, com completa separação dos patrimônios, "nada tornando-se comum, inclusive aquilo que advém do esforço comum".[245]

Por isso, as quotas sociais recebidas por um dos cônjuges, por herança, não se comunicam ao outro cônjuge.

Por fim, o regime da separação obrigatória de bens, previsto no artigo 1.641 do Código Civil, mantém os bens anteriores ao casamento na esfera patrimonial de cada cônjuge. Os bens adquiridos posteriormente irão comunicar-se.[246]

Outro tema de destaque a ser tratado é o concubinato, porque também traz consequências no direito sucessório.

2.1.1.2. Concubinato

A prescrição do artigo 1.727 do Código Civil merece atenção. Diz o dispositivo:

---

[244] RIZZARDO, *Direito...*, p. 165-166.

[245] Ibid., p. 168.

[246] Arnaldo Rizzardo traz breve debate doutrinário e jurisprudencial acerca da comunicação de bens adquiridos posteriormente ao casamento, no sentido da necessidade ou não de comprovação da efetiva participação do outro cônjuge na aquisição para formar direito ao bem (Ibid., p. 169-170).

Art. 1.727. As relações não eventuais entre homem e mulher, impedidos de casar, constituem concubinato.

O impedimento que mencionaremos é o do inciso VI do artigo 1.521 do Código Civil. Ou seja, a relação jurídica que se estabelece entre uma pessoa casada, unida com outrem, de modo não eventual, é concubinato.

Decorre daí que o concubino ou a concubina não podem buscar seus direitos hereditários relativos à concubina ou concubino falecido.

A doutrina e a jurisprudência[247] têm resolvido essas questões como se sociedade de fato existisse entre os chamados concubinos, partilhando bens, desde que provada a aquisição comum, com colaboração mútua. A matéria, segundo posição doutrinária e jurisprudencial, resolve-se no âmbito do direito das obrigações.

De se destacar posição diversa, gerada no Tribunal de Justiça do Estado do Rio Grande do Sul, pelo pensamento do Desembargador Rui Portanova, posição ainda minoritária, denominando as relações concubinárias de uniões dúplices, outorgando aos concubinos/companheiros os direitos inerentes à união estável, notadamente em tema de sucessão *mortis causa*. Destaco dos Embargos Infringentes nº 70020542858, julgado em 14 de setembro de 2007, fração do voto do Desembargador Rui Portanova que refere a posição:

União dúplice.
Permitam os colegas que eu faça, inicialmente, um registro.
É sabido que tenho entendido possível o reconhecimento das uniões paralelas ou uniões dúplices.
Uma vez verificados os requisitos caracterizadores da união estável (art. 1.723 do CC), cotejados com os elementos específicos que o caso concreto apresenta, considero o reconhecimento dessa segunda união, em concomitância ao o casamento, ser a medida que mais adequada à realidade e ao estágio atual de convivência entre as pessoas em nossa sociedade.
Sustento esse meu posicionamento, na mesma linha argumentativa da ilustre Desa. Maria Berenice. Ou seja, conferir conseqüências jurídicas distintas a duas situações fáticas semelhantes (duas células familiares), importaria violação ao princípio da igualdade e da dignidade da pessoa humana.

---

[247] Súmula 308 do STF: "Comprovada a existência de sociedade de fato entre os concubinos, é cabível sua dissolução judicial com a partilha do patrimônio adquirido pelo esforço comum". Na doutrina: RIZZARDO, *Direito...*, p. 203.

Penso já ter apresentado minhas razões jurídicas naquele voto dos embargos infringentes nº 70017709262.

Aqui, me permito trazer fundamentos um tanto mais centrados em uma visão humana, ética e, por que não dizer, de fé cristã.

Nesse passo, trago a reflexão de Luc Ferry, ao se referir ao episódio bíblico da mulher adúltera:

"Evidentemente existe uma lei que ordena que a mulher adúltera seja apedrejada. É essa a letra do código jurídico em vigor. Mas o espírito, o "foro íntimo"? O Cristo se coloca à margem da multidão. Sai do círculo dos conformistas, daqueles que só pensam na aplicação estrita, mecânica da norma. E apela para as consciências, e lhe diz o seguinte: no fundo de vossas consciências, vocês têm certeza de que está certo o que estão fazendo? E se vocês se examinassem, seriam capazes de se considerar melhores do que esta mulher que estão prestes a matar, e que talvez tenha pecado apenas por amor? Que aquele que nunca pecou lhe atire a primeira pedra... E todos aqueles homens, em vez de seguirem a letra da lei, olham para dentro de si mesmos para entender o sentido daquilo, para refletir, também, sobre seus próprios defeitos e começar a duvidar, a partir daí, de que eles pudessem ser juízes impiedosos..." (Aprender a Viver. Filosofia Para os Novos Tempos. p.94/95 Ed. Objetiva. 2006).

Fiz este breve registro, porquanto, a espécie, *data venia*, antes de tudo, merece ser apreciada, primeiro, do ponto de vista da efetiva e concreta existência (ou não) de uma união estável paralela ao casamento, dentro de uma determinada data.

Objeto do presente recurso.

Fiz a referência acima, com a finalidade de deixar claro que, até aqui, o que eu tenho reconhecido é a possibilidade de retirar efeitos patrimoniais em casos em que uma pessoa (via de regra homem) mantém uma efetiva e concreta união estável com outra pessoa (via de regra mulher) ao mesmo tempo em que está hígido o seu casamento civil.

Adentrando-se, no presente caso, ver-se-á que, *data venia*, aqui não se trata tanto de reconhecer os efeitos de uma união dúplice. Antes disso, o caso presente, centra-se em, primeiro, reconhecer a efetivo relacionamento com dignidade de união estável da recorrente com o *de cujus*.

Ainda, na Apelação Cível nº 70011962503, relatada pelo Desembargador Rui Portanova, julgada em 17/11/2005, assegurou-se à concubina/companheira os direitos patrimoniais decorrentes de união dúplice ou paralela, em decisão assim ementada:

APELAÇÃO. UNIÃO DÚPLICE. UNIÃO ESTÁVEL. LEGITIMAÇÃO. PERÍODO. PROVA. MEAÇÃO. "TRIAÇÃO". SUCESSÃO. USUFRUTO. AGRAVO RETIDO Os sucessores do de cujus são os legitimados para responder ação declaratória de união estável. PROVA DO PERÍODO DE UNIÃO E UNIÃO DÚPLICE A prova dos autos é robusta e firme a demonstrar a existência de união entre a autora e o de cujus em período concomitante ao casamento de "papel". Reconhecimento de união dúplice. Precedentes jurisprudenciais. MEAÇÃO ("TRIAÇÃO") Os bens adquiridos na constância da união dúplice são partilhados entre a esposa, a companheira e o de cujus. Meação que se transmuda em "triação", pela duplicidade de uniões. DIREITO AO USUFRUTO A companheira tem direito ao usufruto da quarta parte dos bens deixados pelo de cujus, quando da existência de filhos. Regramento com base na legislação vigente ao tempo do código de 1916, época do óbito do autor da herança. NEGARAM PROVIMENTO AO AGRAVO RETIDO. UNÂNIME. DERAM PARCIAL PROVIMENTO À APELAÇÃO. POR MAIORIA, VENCIDO O PRESIDEN-TE QUE PROVIA, EM PARTE, EM MENOR EXTENSÃO. (SEGREDO DE JUSTIÇA) (Apelação Cível Nº 70011962503, Oitava Câmara Cível, Tribunal de Justiça do RS, Relator: Rui Portanova, Julgado em 17/11/2005)

As decisões encabeçadas pelas ideias do Desembargador Rui Portanova são aqui colacionadas como contraponto às ideias ainda hoje prevalentes na jurisprudência[248] e na doutrina, renitentes em atribuir dignidade à mulher unida por vínculo afetivo com homem casado, em tudo igual à união estável. Servem, ainda, tais decisões como instrumento de debate em futuras controvérsias envolvendo a sucessão de sócio falecido, que tenha mantido em vida uniões dú-plices, ampliando o horizonte para atribuir à concubina, verdadeira companheira, todos os efeitos patrimoniais decorrentes da suces-são.

2.1.2. A sucessão do filho

Com o Código Civil de 2002, os descendentes passaram a con-correr com o cônjuge ou companheira do sócio falecido, na forma acima exposta.

A sucessão dos filhos apresenta alguma dificuldade, quando em concorrência com outros descendentes. Se do mesmo grau, suce-dem por cabeça. Se de graus diversos, os filhos sucedem por cabeça, e os demais, por estirpe, conforme regra do artigo 1.835 do Código Civil.[249]

A conexão do direito sucessório do filho com o direito de em-presa insere-se nas observações realizadas no tópico acima e nas ob-servações gerais do direito sucessório arroladas no transcorrer desse estudo, não oferecendo maiores dificuldades, quando em confronto com o recebimento de quotas sociais.

---

[248] Confira-se recente julgado do STJ a respeito: REsp 674.176/PE.

[249] RIZZARDO, Direito..., p. 175-176.

O que importa frisar é a igualdade entre os filhos, que vigora em nosso ordenamento jurídico, não importando, para fins de proteção legal, serem frutos de filiação do casamento, da união estável ou fora destes. A igualdade dos filhos é assegurada por norma constitucional, presente no § 6º do artigo 227 da Constituição da República, de seguinte teor:

Art. 227 (...)
§ 6º Os filhos, havidos ou não da relação de casamento, ou por adoção, terão os mesmos direitos e qualificações, proibidas quaisquer designações discriminatórias relativas à filiação.

Quanto às disposições do sócio falecido, postas no contrato social da sociedade limitada, como visto acima, afastando esse ou aquele filho, ora dos direitos pessoais das quotas, ora do direito pecuniário dessas, podem representar forma de discriminação, que, conquanto permitido pela lei sucessória, tendo em vista assegurar-se aqui ou ali a legítima dos herdeiros, pode ser desvirtuada quando em relação ao direito pessoal às quotas como absolutamente desvinculado do aspecto patrimonial, hipóteses que demandam o exame caso a caso.

Acentua-se, não obstante, que tal regulação tem a nota das peculiaridades do direito de empresa, na forma cotejada na primeira parte do estudo.

2.1.3. Fonte do pagamento das quotas sociais liquidadas em razão do direito hereditário

Com a morte de sócio de sociedade limitada, na omissão do contrato social, suas quotas serão liquidadas, com o consequente pagamento de haveres aos herdeiros. Forma-se, desse modo, relação jurídica obrigacional, polarizada pelos herdeiros do sócio falecido, como credores, e pela sociedade, como devedora.[250]

---

[250] Hernani Estrella aponta, com base na redação do artigo 2.284 do Código Civil italiano de 1942, que os devedores são os sócios remanescentes (ESTRELLA, *Apuração...*, p. 241-242). O artigo 2.284 do *Codice Civile* é análogo ao artigo 1.028 do nosso Código. Todavia, há pequena diversidade de redação que leva a entendimento diverso. Naquele diploma consta a expressão "os outros" [sócios] devem liquidar a quota aos herdeiros, enquanto neste, a expressão é impessoal, ao dizer que "liquidar-se-á a quota". No mesmo passo, Hernani Estrella ressalva pensamento em sentido contrário da doutrina pátria e jurisprudência majoritária, e de Antonio Bruneti, que atribuem maior relevo à técnica do que a redação do dispositivo legal italiano, para afirmar que o devedor é a sociedade. Alfim, o autor adere a essa posição (BRUNETI, Antonio. *Trattato del diritto delle società*, 1946, v. 1, nº 207 *apud* Ibid, p. 242-245).

A liquidação das quotas sociais, com o consequente pagamento aos herdeiros (se positiva a liquidação), pode ocorrer com a aquisição destas quotas por algum, ou alguns, dos sócios remanescentes, com aquisição das quotas pela própria sociedade ou com a redução do capital social.

2.1.4. Estipulações testamentárias

Viu-se na primeira parte do estudo, as possibilidades de disposição das quotas sociais para além da morte do sócio, constantes no contrato social. É possível, entretanto, que, conquanto omisso o contrato social, haja estipulação em testamento do sócio falecido em relação ao destino das quotas sociais.

As observações feitas em relação às disposições para depois da morte do sócio, inseridas no contrato social, servem para o testamento. Ao sócio, aqui testador, é livre estipular o destino de suas quotas sociais para depois de sua morte. Os efeitos pecuniários de sua estipulação – valor patrimonial das quotas sociais – não poderão sofrer qualquer óbice interno da sociedade da qual pertença. Os limites da estipulação são os dados pela lei sucessória. Não obstante, o pagamento do valor correspondente às quotas será feito com base no previsto no contrato social.

O mesmo não ocorre quando a vontade do testador dispõe acerca do destino do aspecto pessoal das quotas sociais aos seus herdeiros – posição de sócio (*status socii*). Embora livre também para dispor acerca do aspecto pessoal das quotas sociais, tanto quanto seu aspecto patrimonial, a eficácia da estipulação testamentária, quanto ao ponto, fica condicionada a aceitação dos demais sócios remanescentes.

Nessa hipótese pode-se falar em necessidade de aceitação dos sócios sobrevivos em relação aos herdeiros que o sócio falecido apontou, em testamento, como seu substituto na sociedade. Isso porque, no testamento, como lembrado na primeira parte do estudo, não houve participação de qualquer dos sócios, mas apenas a manifestação de vontade do sócio-testador.

Inexistindo participação dos sócios sobrevivos na formação da vontade do sócio-testador, que só a este pertence, não há falar em obrigatoriedade daqueles em aceitar os herdeiros-sócios apontados no testamento pelo sócio falecido. A margem de discricionariedade dos sócios sobrevivos é ampla e irrestrita quando se fala em disposição testamentária a deixar posição de sócio, oriunda da participação societária de sócio falecido, com base na *affectio societatis*.

Nesse caso, têm os sócios direito à tutela inibitória, a fim de impedir que o sucessor, ou os sucessores, tomem parte na sociedade. Na petição inicial, têm os demandantes o ônus de formular pedido mandamental, consistente em ordem, sob pena de fixação de *astreintes*, para que o sucessor, ou sucessores, abstenha-se do intento de participar do quadro societário, tendo em conta a ilicitude da disposição testamentária, com base no artigo 461 do Código de Processo Civil.[251]

A diferença, quando disposição dessa natureza integra o contrato social, é clara. No contrato social, a formação da vontade é desencadeada pelo conjunto dos sócios, que acabam plasmando, no documento de regência societária, a "vontade da própria sociedade". Os sócios aderem, em pacto conjunto, à estipulação dos efeitos da morte de um'deles, o que redunda na observância obrigatória do pactuado.

No testamento, a vontade é do testador. Por isso, no tocante aos efeitos do destino das quotas sociais, na face do direito pessoal, ficam estes condicionados à deliberação posterior dos sócios sobrevivos.

2.1.5. Dissolução da sociedade pelos sócios remanescentes

Havendo previsão no contrato social quanto ao destino das quotas sociais, em seu aspecto pessoal, de modo a garantir o direito de sócio aos herdeiros do sócio falecido, os sócios remanescentes ficam impedidos de dissolver a sociedade antes da entrada do herdeiro. A estipulação prévia das consequências da morte de sócio, no que toca ao direito dos herdeiros destes, em ingressar no quadro societário, é cláusula de barreira aos sócios remanescentes no que se relaciona com eventual decisão no sentido de dissolver a sociedade. Somente após a entrada dos herdeiros do sócio falecido, como previsto no contrato social, é que se poderá deliberar quanto à dissolução ou não.

---

[251] MARINONI, Luiz Guilherme; MITIDIERO, Daniel. *Código de ...*, p. 424 e seguintes.

Caso contrário, omisso o contrato social, os herdeiros recebem o valor das quotas liquidadas.

A omissão do contrato social permite, previamente à regra geral de liquidação das quotas do sócio falecido (dissolução parcial), a possibilidade de ocorrência da hipótese prevista no inciso II do artigo 1.028, de dissolução total da sociedade pelos sócios remanescente.[252]

Wald pondera que esta alternativa se funda na "imprescindibilidade da prestação devida pelo sócio morto" ou em razão do "montante a ser pago aos herdeiros a título de liquidação das quotas".[253]

Ou seja, a participação do sócio falecido era de tamanha e fundamental importância na condução dos negócios sociais, que sua falta acarreta prejuízo ao bom andamento do próprio empreendimento, impondo aos sócios remanescentes a dissolução da sociedade. Ou, então, embora de alguma forma possível a continuidade da empresa, a manutenção de seus negócios fica inviabilizada pelo pagamento dos haveres aos herdeiros.[254]

A alternativa desafia o consenso unânime dos sócios remanescentes.[255] Por isso, a lei fala em opção dos sócios remanescentes. Ou seja, todos os sócios. A hipótese é diversa daquela prevista no inciso III do artigo 1.033, que possibilita a dissolução da sociedade de prazo indeterminado, pela manifestação da maioria dos sócios. Wald sintetiza a diversidade da opção legislativa das situações

> Assim, para a dissolução total de sociedade de prazo indeterminado, em todos os casos se aceita a decisão majoritária, enquanto que no caso de morte de sócio, para que não ocorra a dissolução parcial (pagamento da quota) a decisão deve ser unânime. São duas situações com soluções diversas.[256]

---

[252] WALD, *Direito de Empresa*, v. 14, p. 224.

[253] Ibid., p. 224.

[254] José Waldecy Lucena traz exemplos a respeito das duas situações: "Assim, por exemplo, em uma sociedade construtora, exige a lei que pelo menos um dos sócios seja engenheiro, e se ocorre o decesso justamente do sócio com essa qualificação, pode aos demais não parecer conveniente a recomposição do quadro social, para admitir alguém que atenda à exigência legal, parecendo-lhes preferível a dissolução de plano da sociedade. E ainda pode ocorrer que, ao se liquidar a quota para pagamento aos herdeiros, haja drástica redução do capital social, sendo prudente e aconselhável antes a dissolução da sociedade" (LUCENA, *Das sociedades...*, p. 365-366).

[255] WALD, op. cit., p. 224.

[256] Ibid., p. 225.

Os sócios sobrevivos, pois, à unanimidade, decidem pela dissolução total da sociedade, procedendo-se à liquidação do acervo patrimonial para, ao fim, partilhar o resultado entre os sócios sobrevivos, "sendo a parcela cabente (*sic*) ao *de cujus* recolhida à disposição do juízo de inventário".[257]

Havendo concordância entre os sócios, a dissolução e liquidação da sociedade dar-se-á extrajudicialmente. Havendo dissenso, operar-se-á judicialmente, "sendo competente, para tanto, o juízo cível e não o de sucessões".[258] Saliente-se que a discussão no juízo cível fica restrita à dissolução, ou não, da sociedade. A cognição judicial, no plano horizontal, é parcial. Havendo decisão judicial no sentido da liquidação, esta operar-se-á no próprio juízo cível, mas a quota relativa ao *de cujus* seguirá ao juízo do inventário para partilha entre os herdeiros.

A seguir veremos alguns casos especiais de sucessão e exercício da condição de sócio.

2.2. Casos especiais de sucessão e exercício da condição de sócio

A sucessão *mortis causa* envolve variadas situações e questões, tais como casos de indignidade, deserdação, capacidade genérica para suceder, direito de representação, colação. Esses temas não serão objeto de exame, porque de solução sem grandes percalços em conexão com o direito empresarial, quando toca ao direito sucessório às quotas sociais. A denominação do tópico – casos especiais de sucessão e exercício da condição de sócio – restringe-se a situações que tenham conexão direta com a condição de sócio da sociedade limitada e que tanto quanto nos parece trazem questionamentos doutrinários e jurisprudenciais de maior ordem.

Assim, em cada tópico a seguir abordaremos diferentes situações que envolvam o direito de empresa em conexão com o direito sucessório.

---

[257] LUCENA, *Das sociedades...*, p. 365.
[258] Ibid., p. 365.

2.2.1. *Acordo entre os sócios remanescentes e os herdeiros para substituição do sócio falecido*

Outra possibilidade de arranjo das consequências da morte de sócio, em omisso o contrato social, é a ocorrência de acordo entre os sócios remanescentes e os herdeiros do sócio falecido para substituição deste por seus herdeiros, hipótese constante no inciso III do artigo 1.028 do Código Civil.

Sendo o contrato social omisso, a solução é dada pela liquidação das quotas e pagamento aos herdeiros. O posterior acordo entre os sócios remanescentes e os herdeiros do sócio morto é no sentido de substituição do sócio falecido por seus herdeiros. Ou seja, os herdeiros tornam-se sócios.

Essa hipótese afasta a liquidação, seja parcial ou total. Os herdeiros assumem a posição contratual do sócio falecido, sob deliberação de, no mínimo três quartos do capital social, seguindo combinação do inciso V do artigo 1.071 e inciso I do artigo 1.076, ambos do Código Civil.

Wald considera que a substituição do sócio falecido não precisa ser necessariamente pelos herdeiros – filhos ou cônjuge –, mas pode "até mesmo a aquisição da participação do falecido por um terceiro, que assumiria a posição de novo sócio da sociedade...".[259] Nessa hipótese, todavia, haveria pagamento dos haveres aos herdeiros.

Em síntese, parafraseando Waldecy Lucena,[260]

(...) omisso o contrato, tudo fica a depender dos sócios sobrevivos, que poderão adotar uma das seguintes opções: a) liquidar a quota e pagar os haveres do sócio pré-morto a seus herdeiros (caput); b) dissolver a sociedade (inciso II); c) aceitarem os herdeiros na sociedade, embora a isso não obrigados (inciso III).

Nesse ponto, ressalta a importância do regramento societário mediante contrato social consistente, que preveja detalhadamente a substituição do sócio falecido pelos herdeiros, de modo a evitar a necessidade de posterior deliberação, fundado em acordo, entre sócio sobrevivos e herdeiros do sócio falecido.

---

[259] WALD, Direito de Empresa, v. 14, p. 225.
[260] LUCENA, *Das sociedades...*, p. 239.

2.2.2. A sucessão do herdeiro menor e do interdito (incapacidade)

De longe, a doutrina debate-se a respeito da admissão da possibilidade de ingresso de menores no quadro societário da sociedade limitada. Alguns autores sustentam ser possível o ingresso de menores, desde que o capital social esteja integralizado. João Eunápio Borges, defensor dessa posição, afirma, criticando posição contrária defendida por Waldemar Ferreira, que "se entre os herdeiros do sócio houver menores, poderão estes ser cotistas da sociedade, uma vez que o capital tenha sido integralizado".[261] O fundamento para a aceitação de ingresso de menores no quadro societário da sociedade limitada é a ausência da possibilidade de responsabilização futura do menor, pelas obrigações sociais, o que se afasta com a integralização do capital social.

Egberto Lacerda Teixeira traz, todavia, o argumento de que, mesmo estando integralizado o capital social, o menor poderá sofrer riscos. Cita a hipótese dos sócios aprovarem o aumento de capital social sem integralização imediata, ficando o menor, em caso de falência, responsável solidariamente com os demais sócios pela integralização do capital social.[262]

Rubens Requião, também de posição contrária à continuidade da empresa pelo incapaz,[263] sustentou, com base no escólio de Waldemar Ferreira e Egberto Lacerda Teixeira, que a empresa deveria ser liquidada. Em outra obra, citada por Arnoldo Wald, com base no Projeto do Código Civil, Requião expôs o risco de colocar no juiz do inventário o ônus de calcular a conveniência da continuidade da empresa.[264]

Hermano de Villemor Amaral considera possível a continuidade da empresa pelo menor, ressalvando que a decisão deve ser tomada caso a caso, com exame do estado do capital social, se integralizado ou não.[265]

---

[261] BORGES, João Eunápio. Sociedades de pessoas e sociedades de capital – A sociedade limitada por cotas de responsabilidade limitada. *Revista Forense*, Rio de Janeiro, v. 128, p. 17-22 e 350-357, mar./abr. 1950, p. 355. No mesmo sentido, BORBA, *Direito...*, p. 43-44.

[262] TEIXEIRA, *Das sociedades...*, p. 38.

[263] REQUIÃO, *Curso...*, v. 1, p. 81.

[264] WALD, *Direito de Empresa*, v. 14, p. 59.

[265] AMARAL, *Das sociedades...*, n. 255, p. 172, nota 360.

No que toca à sucessão *causa mortis*, o Código Comercial de 1850 prescrevia, no seu artigo 308, que a sociedade, se houvesse de continuar com os herdeiros do sócio falecido, e se entre estes herdeiros houvesse menores, esses não poderiam fazer parte da sociedade.[266] Ou seja, os herdeiros menores não poderiam adquirir a condição de sócio, restando-lhes a apuração dos haveres.

Antes da entrada em vigor do Código Civil de 2002, a jurisprudência já vinha admitindo o ingresso de menores no quadro societário, desde que as quotas sociais estivessem integralizadas e o menor não exercesse funções de gerência.[267]

O artigo 974 do Código Civil prevê a possibilidade de continuação da empresa pelo incapaz. Diz o artigo:

> Art. 974. Poderá o incapaz, por meio de representante ou devidamente assistido, continuar a empresa antes exercida por ele enquanto capaz, por seus pais ou pelo autor da herança.
> § 1º Nos casos deste artigo, precederá autorização judicial, após o exame das circunstâncias e dos riscos da empresa, bem como da conveniência em continuá-la, podendo a autorização ser revogada pelo juiz, ouvidos os pais, tutores ou representantes legais do menor ou do interdito, sem prejuízo dos direitos adquiridos por terceiros.
> § 2º Não ficam sujeitos ao resultado da empresa os bens que o incapaz já possuía, ao tempo da sucessão ou da interdição, desde que estranhos ao acervo daquela, devendo tais fatos constar do alvará que conceder a autorização.

O dispositivo regula duas hipóteses. A primeira, o caso de o titular da empresa se tornar incapaz, ocasionando a sua interdição. A segunda refere o caso do herdeiro menor que herda a empresa pelo falecimento do titular, caso de sucessão *causa mortis*.

A regra do artigo 974, quanto ao incapaz, direcionou-se ao empresário individual, inspirada na teoria do patrimônio de afetação, podendo ser transposta para a sociedade, ficando a participação do interdito direcionada à empresa.[268]

---

[266] Egberto Lacerda Teixeira traz o debate entre o conteúdo dos dispositivos do artigo 308 e do inciso IV do artigo 335 do CCom, relativo à imprecisão terminológica do emprego da expressão "dissolução" da sociedade. O inciso IV do artigo 335 fala que a morte é causa de dissolução da sociedade, salvo deliberação em contrário. O artigo 308, por sua vez, diz que sociedade dissolvida por morte de um dos sócios tiver de continuar com os herdeiros do falecido. Ora, a contradição surge na medida em que se existe convenção em contrário, a sociedade não estará dissolvida (TEIXEIRA, *Sociedade...*, p. 245-247).

[267] COELHO, *A sociedade...*, p. 26-27.

[268] BORBA, *Direito...*, p. 72-73.

Nesses casos, para a continuidade da empresa é necessária autorização judicial, através de representante ou assistente. Se o representante ou assistente não puder exercer a atividade de empresário, este nomeará gerentes, com aprovação do juiz. O representante ou assistente, nestes casos, continua responsável pelos atos do gerente, em conformidade com o disposto nos artigos 975 e 932 do Código Civil.

Ademais, prevê a regra que os bens que o incapaz já possuía, seja na interdição ou sucessão, estranhos ao acervo da empresa, não respondem pelas obrigações da empresa.

Enfim, é possível, no atual regramento, o exercício da condição de sócio menor, herdeiro de sócio falecido de sociedade limitada.

2.2.3. A sucessão do herdeiro impedido de comerciar

A capacidade empresarial pressupõe capacidade civil e ausência de impedimento, de acordo com o teor dos artigos 972 e 973 do Código Civil

> Art. 972. Podem exercer a atividade de empresário os que estiverem em pleno gozo da capacidade civil e não forem legalmente impedidos.

> Art. 973. A pessoa legalmente impedida de exercer atividade própria de empresário, se a exercer, responderá pelas obrigações contraídas.

Não se trata propriamente de capacidade, porquanto esta é a mesma que a capacidade civil. São, em verdade, regras de legitimação para o exercício da atividade empresarial. São impedidos o falido não reabilitado, leiloeiros, funcionários públicos, conforme o regime particular.

No caso do funcionário público, se exercer atividade empresarial, prevalecem os atos praticados. A única consequência são as punições administrativas.

Se o incapaz ou o impedido de comerciar exercer o comércio, seus atos serão existentes, válidos e eficazes, apenas o regime legal não será o empresarial.

Egberto Lacerda Teixeira entende que os proibidos de comerciar podem ser quotistas, desde que não exerçam a função de gerência. Afirma o autor que a posição de sócio não o torna comerciante.[269]

Esse é o ponto. A limitação para exercer atividade empresarial não se confunde com o exercício da condição de sócio. O sócio não é, necessariamente, empresário. É sócio. E, portanto, não há vedação a que integre, especialmente em caso de morte, a posição do sócio falecido.

2.2.4. A sucessão na sociedade entre cônjuges

Os cônjuges podem contratar sociedade entre si e com terceiros, se casados no regime da comunhão parcial e da separação de bens, conforme regra do artigo 977 do Código Civil, de seguinte teor:

> Art. 977. Faculta-se aos cônjuges contratar sociedade, entre si ou com terceiros, desde que não tenham casado no regime da comunhão universal de bens, ou no da separação obrigatória.

Se casados no regime da comunhão universal ou no da separação obrigatória, não podem ser sócios entre si ou com terceiros, conjuntamente. Logo, só podem contratar sociedade, se casados no regime da comunhão parcial de bens.

A sociedade entre cônjuges é outro tormentoso problema do direito de empresa. O problema coloca-se na provável fraude à lei, em razão de violação ao regime de bens entre os cônjuges.

Waldemar Ferreira justifica a nulidade da sociedade entre cônjuges, sustentando tratar-se de simulação "para o marido usar firma social e, destarte, obter crédito, o que não teria com sua firma individual", além de servir de artifício para o marido "apoderar-se dos bens e do patrimônio da mulher, sendo de separação o regime de bens do casal".[270] Egberto Lacerda Teixeira entende possível a sociedade entre cônjuges, não se podendo presumir, *a priori*, fraude ao regime de bens do casamento, sintetizando que o exame deve se dar em concreto.[271] José Edwaldo Tavares Borba critica a vedação de contratação de sociedade entre cônjuges casados pelo regime da

---

[269] TEIXEIRA, *Das sociedades...*, p. 47.

[270] FERREIRA, *Instituições...*, v. 1, item 128, p. 194.

[271] TEIXEIRA, *Das sociedades...*, p. 42-46.

comunhão universal, sustentado que nesse regime matrimonial há bens que não integram a comunhão, tais quais os arrolados no artigo 1.668 do Código Civil.[272] Para Nelson Abrão, não há qualquer impedimento para a sociedade entre cônjuges, por entender não representar violação do regime matrimonial.[273]

Em tema de sucessão *causa mortis* do sócio casado, em sociedade limitada, suas quotas, afora a meação, serão partilhadas na forma da lei sucessória ao cônjuge, também sócio, e aos descendentes, quando omisso o contrato social.

Facilmente percebe-se que o cônjuge de sócio falecido, que também é sócio da sociedade limitada, acaba por enfraquecer sua parcela de participação social, dantes exercida em conjunto com o cônjuge falecido.

Exemplifica-se. Homem e mulher, casados no regime da comunhão parcial, ambos sócios de sociedade limitada, detendo 60% das quotas sociais. Morrendo um deles (titular de 30% das quotas), 15% correspondem à meação, assegurada ao cônjuge sobrevivo. Dos 15% restantes, herança propriamente dita, participará o cônjuge sobrevivo, dependendo da existência de filhos exclusivos, comuns ou ambos, conforme acima apontado. No máximo, este cônjuge receberá, salvo na inexistência de descendentes ou ascendentes, quota igual à do filho. Sendo um filho, receberá 7,5% das quotas, se comum.

Mesmo diante das variadas hipóteses de sucessão do cônjuge, pode-se afirmar que o cônjuge sobrevivo, que seja também sócio, terá, em regra, sua participação societária diminuída.

Isso acentua, mais uma vez, a importância de fazer constar no contrato de sociedade o modo pelo qual se dará a sucessão de quotas sociais, do sócio que venha a falecer, em seu duplo aspecto.

2.2.5. A sucessão de quotas não integralizadas

Umas das principais características das sociedades limitadas é a da responsabilidade dos sócios, restrita (ou limitada) ao valor de suas quotas sociais. Quando não integralizadas as quotas sociais, a responsabilidade dos sócios é solidária pela integralização. A res-

---

[272] BORBA, *Direito...*, p. 46-47.
[273] ABRÃO, *Sociedade...*, p. 61-62.

Marco Antonio Karam Silveira

ponsabilidade solidária dos sócios pela integralização do capital social nasce do inadimplemento de um dos sócios, ou de alguns desses, em recolher à sociedade a parcela das quotas subscritas.

Em suma, o valor a ser integralizado pelas quotas subscritas corresponde a uma dívida do sócio perante a sociedade.

Na sucessão *causa mortis* o dever de integralização passa aos herdeiros, sucessores do *de cujus* , em seus direitos e obrigações, ficando esses responsáveis pela integralização do capital, até o limite dos respectivos quinhões. É sempre bom lembrar que o que se transmite é o patrimônio – universalidade de direito –, composto de ativo e passivo.[274]

Havendo sucessão *causa mortis* em sociedade limitada que não tenha quotas sociais integralizadas haverá o abatimento do débito do *de cujus* frente à sociedade para então proceder a partilha das quotas.

2.2.6. *A sucessão na sociedade em comum (sociedade irregular ou de fato)*

As sociedades em comum, no sistema do Código Civil de 1916, eram denominadas de sociedade irregular ou de fato, conforme possuíssem contrato social não inscrito no respectivo registro (sociedade irregular) ou sequer houvessem formalizado contrato social (sociedade de fato), segundo considerável parte da doutrina.

Como acima visto, a distinção doutrinária entre sociedade irregular e de fato, tomando por critério a existência de contrato social não registrado (sociedade irregular) e a inexistência mesmo de contrato social (sociedade de fato) tem base nos ensinamento de Waldemar Ferreira,[275] para quem

> Ajuntando-se para o exercício em comum de atividade mercantil, sob firma ou razão social, deixam os sócios, muitas vezes, de reduzir a escrito seus ajustes (...) A sociedade, assim constituída, vive, funciona e prospera. Mas vive de fato. Como sociedade de fato se considera. Outras vezes, ela se organiza por escrito. Articulam-se os dispositivos da lei social. O contrato, porém, não se arquiva no registro público do comércio. A sociedade é, por isso, irregular. No comum, entretanto, mal se distingue

---

[274] PONTES DE MIRANDA, *Tratado...* v. 55, § 5.596-1, p. 87.
[275] FERREIRA, *Instituições...*, v. 1, t. 1, p. 275.

a sociedade de fato da irregular. Confundem-se elas na sinonímia das duas expressões. De uma e de outra se diz sociedade de fato ou irregular.

Assim, a sociedade irregular é aquela que possui contrato social, regulador da relação entre os sócios e da organização interna da sociedade, mas que não foi inscrito no registro competente. A sociedade de fato é aquela que sequer possui contrato social, regulando apenas verbalmente as relações entre os sócios.

Ambas carecem de personalidade jurídica, porquanto somente com a inscrição do ato constitutivo é que se lhe confere esse *status* (art. 985 do Código Civil).[276]

J. X. Carvalho de Mendonça, em confronto com a doutrina e jurisprudência majoritária de sua época, defende que a *irregularidade* das sociedades irregulares, ou de fato, não afeta a atribuição de personalidade jurídica e de patrimônio autônomo. Ou seja, mesmo sendo irregulares ou de fato, possuem personalidade e patrimônio autônomo.[277] José Edwaldo Tavares Borba também incorre no mesmo equívoco, ao afirmar a personalidade jurídica das sociedades irregulares ou de fato, argumentando que terceiros podem provar a sua existência, apontando o artigo 987 do Código Civil.[278]

O problema não é simples. Contudo, a confusão operada pelos doutrinadores que atribuem personalidade jurídica às sociedades irregulares ou de fato centra-se na ausência de distinção entre sociedade e desenvolvimento da atividade empresária. Empresa é atividade e, como tal, é fato e, portanto, pode ser provada. O exercício de empresa pode se dar de forma individual pelo empresário individual ou pela sociedade, coletivamente. O que se prova não é a

---

[276] "Art. 985. A sociedade adquire personalidade jurídica com a inscrição, no registro próprio e na forma da lei, dos seus atos constitutivos (arts. 45 e 1.150)."

[277] MENDONÇA, *Tratado*.., v. 2, t. 2, p. 103-109. Para uma análise da relação entre registro e personalidade jurídica, no Brasil e no direito comparado, ver MAC-DONALD, Pessoa jurídica..., p. 303-305.

[278] BORBA, *Direito*..., p. 66. Carlos Fulgêncio da Cunha Peixoto, ainda na vigência do Código Civil de 1916, vai além para afirmar que "a existência da personalidade jurídica funda-se no contrato, sem mais formalidades; nas suas relações com terceiros. Todas as sociedades têm o característico das pessoas coletivas: um patrimônio diverso do de seus componentes. O registro não cria a pessoa jurídica, apenas lhe confere vantagens como a limitação da responsabilidade dos sócios" (PEIXOTO, *Sociedade*..., p. 85). O equívoco está, embora o Código Civil de 1916 não contivesse dispositivo semelhante ao artigo 985 do Código Civil atual, que atribui personalidade jurídica apenas com o registro, em também confundir contrato de sociedade com pessoa jurídica e personalidade, o que, à época, também poderia ser dissipado com olhares a melhor doutrina e ao artigo 18 do Código Civil de 1916 que, a exemplo do atual, mencionava que as pessoas jurídicas só passavam a existir legalmente com o registro de seus atos constitutivos. Na mesma linha de equivoco, VAMPRÉ, *Tratado*..., v. 1, p. 387.

Marco Antonio Karam Silveira

existência de pessoa jurídica ou da personalidade, mas do desenvolvimento de atividade (fato).

A prova da existência de pessoa jurídica é documental, pelo registro no órgão competente. E é essa prova que lhe atribui personalidade jurídica e suas consequências, tais como patrimônio em separado, legitimidade processual ativa e submissão ao regime jurídico empresarial, se empresária.

Pontes de Miranda nega a existência de personalidade jurídica às sociedades irregulares e de fato, porquanto no sistema jurídico brasileiro é o registro que "confere a personalidade jurídica",[279] equiparando-as a relações jurídicas.

A sucessão na sociedade em comum, seja de fato ou irregular, na denominação anterior, não traz as mesmas consequências da sucessão em sociedades personificadas, mormente nas sociedades limitadas.

Dada a ausência de personalidade jurídica da sociedade em comum, inexiste patrimônio próprio e distinto do patrimônio dos sócios. Ou seja, os bens, direitos e obrigações relativas à sociedade em comum, o que alguns denominam de patrimônio especial afetado aos negócios da sociedade, nada mais são do que bens, direitos e obrigações dos sócios. Não há porque falar em confusão patrimonial, mas em exercício de atividade negocial com dinheiros e verbas dos sócios, em nítido exercício de gestão de seus próprios e respectivos patrimônios individuais, para fim social determinado, desprovida, a sociedade em comum, de personalidade jurídica.

Por isso, a sucessão na sociedade em comum não se opera com base em participação dos herdeiros em quotas sociais, seja em seu aspecto patrimonial ou pessoal, pelo simples fato de que inexistem quotas sociais a serem partilhadas, mas tão-somente bens e direitos do patrimônio pessoal dos sócios, alguns, porventura, associados ao exercício de atividade negocial fática ou irregular.

2.2.7. A sucessão no caso de renúncia de um dos herdeiros

Com a morte, surge o direito (potestativo) dos herdeiros em renunciar a herança. A renúncia tem eficácia *ex tunc*, retroagindo ao momento da abertura da sucessão.[280]

---

[279] PONTES DE MIRANDA, *Tratado...*, v. 49, § 5.176-1, 2, p. 59-61.

[280] Ibid., v. 55, § 5.595-1, p. 82.

A renúncia de um dos herdeiros ao quinhão hereditário acresce a parte dos outros herdeiros da mesma classe (CC/1.810). A renúncia, prescreve o Código Civil, em seu artigo 1.808, deve ser integral, relativa à totalidade do quinhão hereditário, vedando-se a aceitação parcial ou com suspensão da eficácia.

Na lição de Pontes de Miranda,[281] quando há renúncia do herdeiro à herança esta não se transmite: "ele é que desaparece da sucessão; reputa-se nunca ter sido". Não há elo entre o herdeiro renunciante e a herança. O renunciante, "para os efeitos sucessórios, não foi. Herdeiro legítimo ou testamentário não teve saisina".

É bem de ver que, na hipótese de previsão no contrato social de divisão da parte disponível, afora e assegurada a legítima, estar-se-á diante de legado. E quanto a este não há vedação legal a que se renuncie a herança e o aceite, ou o renuncie, e aceite a herança; ou, ainda, na hipótese de vários legados, aceitar uns e renunciar a outros, segundo previsto nos §§ 1º e 2º artigo 1.808 do Código Civil.

Externamente, em tema de renúncia de quotas sociais, no que tange ao direito de crédito, a renúncia integral impõe-se naquilo que corresponder ao quinhão hereditário. A parte que estiver fora do quinhão hereditário e representar legado da parte disponível, poderá ser renunciada pelo herdeiro, acarretando o acréscimo dos demais quinhões hereditários.

No que toca ao direito pessoal às quotas, relativo ao *status socii*, a renúncia do legatário ao ingresso na sociedade opera efeito extintivo integral do direito, não implicando acréscimo de qualquer parte, porque de herança, como visto, não se trata.

Internamente, na vida societária, a renúncia ao valor das quotas sociais, integral, se decorrente de herança, e parcial, correspondente ao legado, implica sua liquidação, com pagamento dos haveres aos demais herdeiros. Quanto ao direito pessoal das quotas, a renúncia importa vedação a que qualquer outro herdeiro venha a titularizar. Contudo, como incindível o aspecto patrimonial do aspecto pessoal da condição de sócio quando deixada esta, o valor das quotas irá aos demais herdeiros.

Arnaldo Rizzardo[282] explica a diferença:

---

[281] PONTES DE MIRANDA, Francisco Cavalcante. *Tratado de direito privado.* 3. ed. Rio de Janeiro: Borsoi, 1972. v. 56, §5.651-5, p. 37

[282] RIZZARDO, *Direito...*, p. 84.

Marco Antonio Karam Silveira

Daí impor-se a seguinte distinção: se a renúncia objetivar o legado, este não vai para o monte-mor, e sim caberá ao legatário substituto. Em inexistindo, comporá a herança que será partilhada. Mas se a renúncia compreender o quinhão hereditário, o mesmo será devolvido à massa hereditária.

Por fim, a renúncia deve ser formalizada mediante instrumento público ou por termo nos autos de processo judicial, sendo tais atos irrevogáveis, conforme determinam os artigos 1.806 e 1.812 do Código Civil, salvo vício do consentimento ou outras causas de impliquem invalidade do ato.

2.2.8. Sociedade unipessoal

A morte de sócio na sociedade limitada, sem previsão das consequências no contrato social, acarreta a dissolução do vínculo do sócio falecido com a sociedade com pagamento de haveres aos herdeiros.

Em casos de sociedades limitadas formadas por apenas dois sócios, a morte de um deles implicará dissolução total da sociedade, se não houver o ingresso de novo sócio (ou novos sócios) no prazo de cento e oitenta dias (inciso IV do artigo 1.033 do Código Civil).

A sociedade unipessoal não é acolhida pelo ordenamento jurídico brasileiro, em regra, a despeito da adoção em vários outros sistemas jurídicos estrangeiros,[283] tais como Itália, França, Inglaterra e Espanha.

As únicas hipóteses de sociedade unipessoal são os casos de subsidiária integral, prevista no artigo 251 da Lei nº 6.404/76, e a unipessoalidade temporária do artigo 206, inciso I, da alínea *d* da Lei nº 6.404/76, e do próprio artigo 1.033, inciso IV, do Código Civil.

A doutrina critica a ausência da adoção pelo sistema jurídico brasileiro da sociedade unipessoal. Colhe-se como argumento da necessária adoção da unipessoalidade no direito brasileiro, o fato concreto de algumas (várias) sociedades limitadas constituírem-se com dois sócios, sendo um deles o "titular verdadeiro",[284] com participação substancial de 99% do capital, e outro com 1%, para abri-

---

[283] MAC-DONALD, *Pessoa jurídica...*, p. 302 e p. 307.
[284] BORBA, *Direito...*, p. 50.

gar, em realidade, um empresário individual com responsabilidade limitada.

Além disso, a função social da empresa, com profundas interações no universo social e econômico da contemporaneidade, exige sua manutenção.

A tendência legislativa no direito comparado é a criação de sociedade unipessoal de responsabilidade limitada. Em 1989, o Conselho da União Europeia adotou a décima segunda diretiva, tratando de direito societário, instituindo a sociedade de responsabilidade limitada de um único sócio.[285]

No plano doutrinário do direito brasileiro, também são vários os autores que asseveram a necessidade de criação da sociedade unipessoal de responsabilidade limitada.[286]

Os entraves doutrinários à criação da sociedade unipessoal fundam-se no choque conceitual do termo sociedade, para designar uma só pessoa que desenvolverá, sob o manto da pessoa jurídica, a atividade de empresa. A natureza contratual da sociedade pressupõe duas ou mais pessoas, por isso, aceitar "sociedade de uma só pessoa", seria uma heresia[287].

O outro entrave, segundo a doutrina, diz respeito à relação entre pessoa e patrimônio, baseado na doutrina oitocentista de Aubry e Rau, visto na abertura desse estudo, em que o patrimônio é a emanação da personalidade.[288]

Afora o debate doutrinário acerca da necessidade de previsão normativa de sociedade unipessoal, a sociedade composta por apenas dois sócios, na omissão do contrato social, quanto ao destino das quotas do sócio a falecer, pode levar ao desaparecimento da sociedade ou por falta de sócios, não composta no prazo de 180 dias, ou por imprescindibilidade da prestação do sócio falecido.

---

[285] MAC-DONALD, *Pessoa jurídica...*, p. 318.

[286] Ibid., p. 318-319. Especificamente a respeito da sociedade unipessoal, ver obra de MARTINS FILHO, Antônio. Limitação da responsabilidade do comerciante individual. *Revista da Faculdade de Direito de Porto Alegre*, Porto Alegre, v. 3, n. 1, p. 284-538, 1951.

[287] Parte da doutrina, dentre esta Carlos Fulgêncio Da Cunha Peixoto, rechaça a unipessoalidade, para quem a "reunião de pessoas é elemento indispensável à constituição da sociedade. A chamada sociedade unipessoal não passa de monstruosidade jurídica (...)" (PEIXOTO, *Sociedade...*, p. 68).

[288] MAC-DONALD, op. cit., p. 302.

Marco Antonio Karam Silveira

A jurisprudência, todavia, já vinha permitindo, antes da entrada em vigor do Código Civil de 2002, a manutenção da sociedade pela recomposição da pluralidade societária, no prazo de 1 (um) ano, por aplicação analógica da alínea *d* do inciso I do artigo 206 da Lei nº 6.404/76, ou o prosseguimento da atividade empresarial sob firma individual.[289]

Por isso, novamente, ressalta a importância do contrato social em reger o futuro das quotas sociais nos casos de morte de sócio.

2.3. O valor das quotas sociais e a partilha (resolução da sociedade em relação a um sócio e apuração dos haveres dos herdeiros)

Hernani Estrella[290] aponta o Código Comercial de 1850 como precursor na legislação brasileira em outorgar ao contrato de sociedade "larga margem a livre estipulação dos contraentes, ao mesmo tempo que emprestava grande eficácia aos usos e costumes comerciais, sobrepondo-os ao direito civil".

Dentre a ampla margem de liberdade de estipulação do contrato social afigurava-se a determinação da forma de partilha[291] dos haveres sociais.

Dentre as mais variadas possibilidades de estipulação, Hernani Estrella apontava como mais frequentes as baseadas no balanço anterior, em balanço especial, em quantia previamente fixada, fixação de valor anual, ao fim de cada exercício e, mesmo sendo fixado o valor, os sócios remanescentes pudessem optar pela dissolução da sociedade.[292]

---

[289] Para uma consulta a extenso rol de decisões acerca do assunto, FONSECA, Priscila M. P. Corrêa da. *Dissolução parcial, retirada e exclusão de sócio no novo Código Civil*. 2. ed. São Paulo: Atlas, 2003, p. 21-23.

[290] ESTRELLA, *Apuração...*, p. 104-105.

[291] A natureza jurídica da cláusula que estabelece a forma de pagamento de haveres é depurada por Hernani Estrella, ora identificando-a com partilha, ora com estipulação em favor de terceiro, ou, ainda, com promessa de cessão ou de venda (Ibid., p. 107-108).

[292] ESTRELLA, *Apuração...*, p. 107.

Entrementes, doutrina e jurisprudência atuais consideram que os efeitos patrimoniais da apuração dos haveres do sócio falecido e da dissolução parcial são equiparados.[293]

De qualquer sorte, o capital social da sociedade limitada divide-se em quotas, tendo o Código Civil adotado o sistema de pluralidade de quotas (artigo 1.055 do Código Civil).[294] O valor das quotas pode ser atribuído pelos sócios ao seu talante, visto que não há obrigatoriedade de fixação de um valor nominal pré-estipulado ou mínimo.[295]

Questão nodular diz em relação ao valor das quotas que deverão ser pagas aos herdeiros do sócio falecido. Ou seja, com a morte do sócio da limitada, os herdeiros, caso não ingressem na sociedade ou não se tenha previsto no contrato social outro destino às quotas, terão direito ao seu valor. Tal fração do capital social deve ser avaliada de modo a permitir aferir o *quantum* será devido a cada herdeiro.

O artigo 1.031 do Código Civil disciplina em parte o modo de liquidação da quota, ao dizer

> Art. 1.031. Nos casos em que a sociedade se resolver em relação a um sócio, o valor da sua quota, considerada pelo montante efetivamente realizado, liquidar-se-á, salvo disposição contratual em contrário, com base na situação patrimonial da sociedade, à data da resolução, verificada em balanço especialmente levantado.
> § 1º O capital social sofrerá a correspondente redução, salvo se os demais sócios suprirem o valor da quota.
> § 2º A quota liquidada será paga em dinheiro, no prazo de noventa dias, a partir da liquidação, salvo acordo, ou estipulação contratual em contrário.

Certo que o contrato social pode (deve) dispor acerca da forma de avaliação ou cálculo do valor das quotas a serem reembolsadas. Na omissão do contrato, todavia, nasce o problema de cálculo.[296] A solução passa pela análise das diferentes formas de avaliação.

---

[293] ESTRELLA, *Apuração...*, nota de rodapé n. 23, p. 36.

[294] A respeito da diferença entre o sistema de pluralidade de quotas, o sistema de quota única inicial e permanente, com análise crítica da legislação e doutrina ver LUCENA, *Das sociedades...*, p. 313-323.

[295] Ibid., p. 322.

[296] Ensina Fabio Ulhoa Coelho, que "os sócios podem, ao imputarem valor às quotas sociais da sociedade limitada, valer-se de qualquer critério de avaliação (...) Se o contrato social é omisso, contudo, imputa-se às quotas o valor patrimonial, sempre que verificada causa de dissolução parcial da sociedade (morte, expulsão ou exercício do direito de retirada"). (COELHO, Fábio

A avaliação deve seguir o momento da abertura da sucessão (CC, 1.784), pois é nesse momento que se opera a transmissão.[297]

Segundo Fábio Ulhoa Coelho, há quatro formas de atribuir valor às quotas.

A primeira delas decorre da divisão do capital social pelo número de quotas, resultando no valor nominal de cada quota. A função dessa forma é mensurar a responsabilização de cada sócio na capitalização da sociedade.[298]

A segunda decorre de negociação entre as partes dispostas a comprar e vender as quotas. É o valor de negociação decorrente de um acordo de vontades.

O terceiro modo é denominado de valor econômico e é formado por avaliação especializada de ativos empresariais "com o objetivo de mensurar o valor que seria racional alguém pagar para tornar-se seu titular".[299]

Por fim, a quota tem valor patrimonial, resultante da "divisão do patrimônio líquido da sociedade pelo número de quotas".[300] Nessa hipótese, o modo de cálculo do patrimônio líquido influirá decisivamente no valor das quotas, dependendo da natureza do balanço a ser elaborado, que poderá ser periódico, especial ou de determinação.

Do balanço periódico extrai-se o valor patrimonial contábil. Do balanço especial, o valor patrimonial contábil em data presente. E do balanço de determinação, o valor patrimonial real.[301]

Compartilhamos do pensamento de Fábio Ulhoa Coelho, que entende que, nos casos de apuração de haveres por morte de um dos sócios, na omissão do contrato social, o valor das quotas devidas aos herdeiros deve tomar por base o balanço de determinação. Diz o autor:

Ulhoa. O valor patrimonial das quotas da sociedade limitada. *Revista de Direito Mercantil, Industrial, Econômico e Financeiro*, São Paulo, n. 123, p. 69-76, 2001, p. 71).

[297] HIRONAKA, Parte Especial: do Direito das Sucessões, v. 20, p. 27.

[298] COELHO, op. cit., p. 69-76.

[299] Ibid., p. 69.

[300] Ibid., p. 70.

[301] O enunciado da Súmula 265 do STF lembra que "na apuração dos haveres, não prevalece o balanço não aprovado pelo sócio falecido, excluído ou que se retirou".

Quando cabível a apuração de haveres nesses termos – isto é, quando não há previsão contratual estabelecendo outro modo de calcular o reembolso do sócio que exerce o direito de retirada –, faz-se necessário simular a dissolução total da sociedade numa demonstração contábil específica. Levanta-se, então, um balanço de determinação.

Sobre o balanço de determinação, fazendo comparação com o balanço especial, Fábio Ulhoa Coelho diz:[302]

No balanço de determinação, além da atualização dos fatos contábeis verificados entre a data do encerramento do último exercício e a data do seu levantamento, alteram-se os critérios de avaliação e apropriação dos bens do ativo e passivo, de sorte a contabilizá-los a valor de saída ("valor de mercado").

Em suma, no balanço de determinação, é feita uma simulação da realização de todos os bens do ativo e da satisfação do passivo social, para mensurar quanto seria o acervo líquido da sociedade, caso ela fosse totalmente dissolvida e liquidada naquela data.

E completa, acerca da utilidade do balanço de determinação:

Não tem outra serventia senão dar cumprimento às decisões judiciais que decretam a dissolução parcial da sociedade limitada, em que o contrato social é omisso relativamente ao cálculo do reembolso. A própria expressão – balanço de determinação – é criação da doutrina jurídica, e não da teoria da contabilidade.

É com base no balanço de determinação que devem ser avaliadas as quotas do sócio falecido e o *quantum* devido aos herdeiros, na hipótese de omissão do contrato social e de não permissão de ingresso destes no quadro social, por espelhar o valor de mercado dos ativos sociais.

As disposições de forma, modo e prazo para apuração de haveres, entretanto, podem ser previstas no contrato social, com ampla liberdade, tendo em vista tratar-se de *ius dispositivum*. Assim, os sócios podem estabelecer outras formas de cálculo, sobrepondo as disposições legais próprias.[303]

A consequência da apuração de haveres, em geral, será a redução do capital social relativo ao montante da participação societária do sócio morto. Exceção a essa previsão ocorre se os sócios remanescentes optarem por adquirir estas quotas, caso em que será mantido

---

[302] COELHO, *O valor...*, p. 75.
[303] CARVALHOSA, *Direito de Empresa*, v. 13, p. 361.

o capital social ou, então, que as quotas sejam adquiridas pela própria sociedade.[304]

O modo e o prazo do pagamento são também fixados pela lei – em dinheiro e em noventa dias –, podendo, todavia, também ser alvo de regulação diversa, via contrato social.[305]

---

[304] CARVALHOSA, *Direito de Empresa*, v. 13, p. 361-362. Waldemar Ferreira ensina que, a respeito da aquisição das quotas pela sociedade, o capital social permanece o mesmo. Diz o autor: "adquirindo a sociedade, com haveres fornecidos pelo seu fundo de reserva, a quota de um dos sócios ou dos seus herdeiros, o seu capital social continua o mesmo, o mesmo o seu contracto, intacta a quota adquirida" (FERREIRA, *Sociedade...*, nº 96, p. 94).

[305] CARVALHOSA, op. cit., p. 363.

Conclusão

A pessoa, natural ou jurídica, articula os elementos integrantes de seu patrimônio em suas relações jurídicas de índole pecuniária. O patrimônio, em regra vinculado à personalidade, desfaz-se com a morte. Seus elementos integrantes seguem variados destinos, conforme a índole do direito a que se submetem. Dentre os elementos integrantes do patrimônio estão as quotas sociais do sócio da sociedade limitada, que podem ser transmitidas aos seus herdeiros, nos casos de morte daquele.

As possibilidades de transmissão das quotas sociais do sócio falecido obedecem às particularidades da sociedade limitada e às especificidades do direito de empresa, revestidas de singularidade no ambiente jurídico. A característica da sociedade limitada como sociedade de pessoas ou de capital influirá na menor ou maior facilidade na entrada de herdeiros como sócios na sociedade. Sendo sociedade de pessoas, o liame da *afecctio societatis* é vinculado estritamente aos atributos pessoais da figura do sócio, o que acarreta maior dificuldade na entrada de seus herdeiros na qualidade de sócios. Se sociedade de capital, o vínculo societário, embora também fundado na *afecctio*, centraliza-se mais no aspecto econômico, do que nas qualidades pessoais do sócio.

O contrato de sociedade, regulador do desenvolvimento de atividade econômica entre os sócios, estabelece a roupagem jurídica da união de pessoas para a realização de atividade econômica, personalizada pela inscrição no órgão próprio. A conjugação do contrato de sociedade para o desenvolvimento de empresa potencializa a função socializante daquele instituto e dessa atividade, levando o aplicador do direito a considerar os princípios e regras próprias da atividade econômica desenvolvida, notadamente em caso de morte do sócio na sociedade limitada.

O princípio da preservação da empresa não ganha destaque apenas na continuidade da atividade por força da norma legal que a mantém em funcionamento na hipótese de morte de sócio. A norma vai além, para dizer que a preservação da atividade, em caso de morte de sócio, ocorre da forma que melhor atenda aos interesses sociais, prevendo o ingresso ou não dos herdeiros no quadro social ou a simples liquidação de suas quotas.

As quotas sociais, objeto da transmissão *mortis causa* do sócio na sociedade limitada, cinde-se em dois importantes aspectos: o pessoal e o patrimonial. As quotas sociais atribuem ao seu proprietário a posição de sócio (*status socii*) e o valor econômico a ela inerente. Embora na maior parte das vezes haja a convivência entre as duas qualidades inatas às quotas sociais, é possível cindir tais qualidades, especialmente em tema de direito sucessório, atribuindo aos herdeiros apenas o aspecto patrimonial ou somente o aspecto da posição de sócio. Nessa separação, importa notar que o direito sucessório à faceta patrimonial não carrega consigo o direito à condição de sócio. O contrário, contudo, não é verdadeiro. Ao atribuir-se ao herdeiro a posição de sócio carrega-se o aspecto patrimonial das quotas, efeito que deve ser levado em consideração por ocasião das disposições contratuais regulatórias para depois da morte de um dos sócios.

Outra particularidade da sociedade limitada é a sua regência normativa, ora regrada pelas normas da sociedade simples, ora pela lei das sociedades anônimas, nos assuntos em que omisso o regramento próprio. Em tema de morte do sócio e das formas de transmissão das quotas sociais a regência da sociedade deve ser conjugada com a característica de uma sociedade de pessoas ou de capital.

O exame dos pressupostos teóricos e das particularidades da sociedade limitada firmou a base para alcançar o cerne do estudo, que está nas possibilidades de incidência normativa na ocorrência da morte de sócio nesse tipo societário, fundada na norma do artigo 1.028 do Código Civil.

O estudo elegeu como critério de classificação das consequências da morte o fato do contrato social conter ou não conter cláusula contratual prevendo os diversos destinos possíveis às quotas sociais, em seu duplo aspecto. Ou seja, considerou como critério a omissão ou previsão de cláusula no contrato social da sociedade limitada, contendo disposições para além da morte de um dos sócios.

Concluiu-se, ao longo do estudo, que o contrato social pode conter previsão dos efeitos da morte do sócio em relação ao destino das quotas sociais, em seu aspecto pessoal, com ingresso dos herdeiros no quadro societário e consequente aquisição do *status socii*. Pode, ainda, dispor quanto ao aspecto patrimonial, com a denominada dissolução parcial da sociedade, e consequente apuração de haveres aos herdeiros.

Em ambas as disposições do contrato de sociedade, com eficácia para além da morte de um dos sócios, foram examinados o conteúdo, a extensão e os efeitos.

O poder dos sócios, via contrato social, é amplo, com total liberdade de estipulação, desde que respeitados os limites dos dispositivos constitucionais e do Código Civil invocados.

Por outro lado, a hipótese de ausência de estipulação contratual prévia – omissão do contrato social – leva, num primeiro momento, à aplicação do princípio da saisina, positivado no artigo 1.784 do Código Civil, com liquidação das quotas sociais e apuração dos haveres dos herdeiros do sócio falecido. Essa consequência pode, contudo, ser afastada ou mitigada por disposição posterior entre os sócios remanescentes e os herdeiros do sócio falecido para substituição deste.

Nesse contexto, foram expostas as consequência que a omissão ou as previsões do contrato social acerca do destino das quotas sociais do sócio falecido podem acarretar no direito de empresa e no direito sucessório.

Por fim, foram verificadas as formas de apuração de haveres do sócio falecido, momento que também é possível prever pelo contrato social o modo e a extensão do pagamento aos herdeiros.

Com efeito, a empresa, núcleo de irradiação da circulação de riquezas econômicas, é fato dotado de especificidade insuscetível de ser apropriado de forma direta pelo direito civil. O fenômeno econômico de empresa, atividade que é, ao ser acolhida pelo direito, reclama a sua leitura sob a ótica de uma autonomia histórica e funcional.

A morte do sócio na sociedade limitada, para além de resultantes no direito sucessório, na exclusiva órbita do direito civil, alcança interesses que sobrepairam os interesses individuais, especialmente os dos sócios e dos seus herdeiros.

Em todo esse quadro, o destaque vai para a empresa e o contrato de sociedade, em suas funções sociais, e no regramento próprio do direito de empresa, notadamente no núcleo regulatório do inciso I do artigo 1.028 do Código Civil.

Referências

ABRÃO, Nelson. *Sociedades limitadas*. 9. ed. rev., ampl. e atual. conforme o Código Civil de 2002 por Carlos Henrique Abrão. São Paulo: Saraiva, 2005.

ALMEIDA, José Luiz Gavião de. Direito das sucessões em geral, sucessão legítima. In: AZEVEDO, Antônio Junqueira (Coord.) *Comentários ao Código Civil*. São Paulo: Saraiva, 2003. v. 18: arts. 1.784 a 1.856.

ALVES, José Carlos Moreira. *A parte geral do projeto de Código Civil brasileiro*. São Paulo: Saraiva, 1986.

AMARAL, Hermano de Villemor. *Das sociedades limitadas*. Rio de Janeiro: Jacintho Ribeiro dos Santos, 1921.

ASCARELLI, Túlio. O desenvolvimento histórico do direito comercial e o significado da unificação do Direito Privado. Tradução Fábio Konder Comparato. *Revista de Direito Mercantil*, São Paulo, n. 114, p. 237-252, 1999.

——. O empresário. Tradução Fábio Konder Comparato. *Revista de Direito Mercantil*, São Paulo, n. 109, p. 183-189, 1998.

——. *Panorama do direito comercial*. São Paulo: Saraiva, 1947.

——. *Problemas das sociedades anônimas e direito comparado*. 2. ed. São Paulo: Saraiva, 1969.

ASQUINI, Alberto. Perfis da empresa. Tradução Fábio Konder Comparato. *Revista de Direito Mercantil*, São Paulo, n. 104, p. 109-126, out/dez 1996.

AUBRY, Charles Marie Barbe Antoine; RAU, Frédéric Charles. *Droit civil français d'aprés la méthode de zacharie*. Paris: Libraires de La Cour de Cassation, 1917. v. 9.

AZEVEDO, Antonio Junqueira. *Negócio jurídico*: existência, validade e eficácia. 4. ed. São Paulo: Saraiva, 2002.

BEVILAQUA, Clóvis. *Teoria geral do direito civil*. 2. ed. Rio de Janeiro: Francisco Alves, 1976.

BORBA, José Edwaldo Tavares. *Direito societário*. 9. ed. rev., aum. E atual. Rio de Janeiro: Renovar, 2004.

BORGES, João Eunápio. *Curso de direito comercial terrestre*. 5. ed. Rio de Janeiro: Forense, 1991.

——. Sociedades de pessoas e sociedades de capital – A sociedade limitada por cotas de responsabilidade limitada. *Revista Forense*, Rio de Janeiro, v. 128, p. 17-22 e 350-357, mar./abr. 1950.

BRITO, Cristiano Gomes de. Dissolução parcial da sociedade anônima. *Revista de Direito Mercantil*, São Paulo, n. 123, p. 147-159, 2001.

BULGARELLI, Waldírio. *A teoria jurídica da empresa*: análise jurídica da empresarialidade. São Paulo: Revistas dos Tribunais, 1985.

CANARIS, Claus-Wilhelm. *Pensamento sistemático e conceito de sistema na ciência do direito*. Lisboa: Calouste Gulbenkian, 1989.

CARVALHOSA, Modesto. Parte especial: do direito de empresa. In: AZEVEDO, Antônio Junqueira (Coord.) *Comentários ao Código Civil*. São Paulo: Saraiva, 2003. v. 13: artigos 1.052 a 1.195.

CAVALLI, Cássio. O direito de empresa no novo Código Civil. *Revista de Direito Mercantil*, São Paulo, n. 386, p. 51-80, 2003.

COELHO, Fábio Ulhoa. *Manual de direito comercial:* direito de empresa. 19. ed. São Paulo: Saraiva, 2007.

———. Penhorabilidade das cotas sociais. *Revista de Direito Mercantil, Industrial, Econômico e Financeiro*, São Paulo, n. 82, p. 95-101, abril-junho, 1991.

———. *A sociedade limitada no novo Código Civil.* São Paulo: Saraiva, 2003.

———. O valor patrimonial das quotas da sociedade limitada. *Revista de Direito Mercantil, Industrial, Econômico e Financeiro*, São Paulo, n. 123, p. 69-76, 2001.

COPELLO, Hector Roberto Goyena. *Teoria general de la separacion de patrimonios.* Buenos Aires: Abeledo-Perrot, 1967.

DE LOS MOZOS, José Luis. *Nueva enciclopedia jurídica.* Barcelona: Francisco Seix, 1989. v. 19.

DIFINI, Luiz Felipe Silveira. Direito de 'saisine'. *Revista da Ajuris*, Porto Alegre, v. 16, n. 45, p. 245-252, nov. 1989

DINIZ, Maria Helena. *Curso de direito civil brasileiro:* direito das sucessões. 13. ed. São Paulo: Saraiva, 1999.

ESTRELLA, Hernani. *Apuração dos haveres de sócio.* 4. ed. atualizada por Roberto Papini, de acordo com o Código Civil de 2002. Rio de Janeiro: Forense, 2004.

FACHIN, Luiz Edson. *Estatuto jurídico do patrimônio mínimo.* Rio de Janeiro: Renovar, 2001.

FERREIRA, Waldemar Martins. *Instituições de direito comercial.* 4. ed. São Paulo: Max Limonad, 1954. v. 1.

———. *Sociedade por quotas.* 5. ed. São Paulo: Cia. Graphico-editora Monteiro Lobato, 1925.

FERRI, Giuseppe. *Manuale di diritto commerciale.* Torino: Unione Tipográfico-Editrice Torinense, 1970.

FONSECA, Priscila M. P. Corrêa da. *Dissolução parcial, retirada e exclusão de sócio no novo Código Civil.* 2. ed. São Paulo: Atlas, 2003.

FRANCO, Vera Helena de Mello. O triste fim das sociedades limitadas no novo Código Civil. *Revista de Direito Mercantil*, São Paulo, n. 123, p. 81-85, jul./set. 2001

GALGANO, Francesco. *Il contratto di società:* le società di persone. Bologna: Zanichelli, 1971. 2006.

———. *Diritto privato*, Tredicesima edizione. Padova: CEDAM,

GHERSI, Carlos Alberto. *Contratos civiles y comerciales:* parte general y especial (figuras contratuais modernas). Buenos Aires: Astrea, 1990.

———. La postmodernidad jurídica. *Revista da Faculdade de Direito da Universidade Federal do Rio Grande do Sul*, Porto Alegre, v. 15, 1998.

GHESTIN, Jacques; GOUBEAUX, Gilles. *Traité de droit civil:* introduction générale. Paris: LG.DF, 1977.

GONZALEZ GARCIA, Jose. *Responsabilidad del heredero y derechos de los acreedores sobre el patrimonio hereditario.* Madrid: Montecorvo, 1989.

HALPERIN, Isaac. *Sociedades de responsabilidad limitada.* Buenos Aires: Depalma, 1948.

HATTENHAUER, Hans. *Conceptos fundamentales del derecho civil:* introducción histórico-dogmática. Barcelona: Ariel Derecho, 1987.

HIEZ, David. *Étude critique de la notion de patrimoine en droit privé actuel.* Paris: LGDJ, 2003. v. 339.

HIRONAKA, Giselda Maria Fernandes Novaes. Parte especial: do direito das sucessões In: AZEVEDO, Antônio Junqueira de (Coord.) *Comentários ao Código Civil.* São Paulo: Saraiva, 2003. v. 20: arts. 1.784 a 1.856.

———. Parte especial: do direito das sucessões In: AZEVEDO, Antônio Junqueira de (Coord.) *Comentários ao Código Civil.* 2ª ed. São Paulo: Saraiva, 2007. v. 20: arts. 1.784 a 1.856.

JHERING, Rudolf Von. *Questões de direito civil:* do lucro nos contratos. Rio de Janeiro: Laemmert & C., 1899.

KARAM-SILVEIRA, Marco Antonio. Contratos Cativos de Longa Duração: tempo e equilíbrio nas relações contratuais. In: MARQUES, Cláudia (Org.) *A nova crise do contrato: estudos sobre a nova teoria contratual* São Paulo: Revista dos Tribunais, 2007.

LEITE, Eduardo de Oliveira. *Comentários ao novo Código Civil:* direito das sucessões. 2. ed. Rio de Janeiro: Forense, 2003. v. 21: arts. 1.784 a 2.027.

LÔBO, Paulo Luiz Netto. Princípios sociais dos contratos no Código de Defesa do Consumidor e no Novo Código Civil", *Revista de Direito do Consumidor,* São Paulo, n, 42: 187-195, abr./jun. 2002.

LORENZETTI, Ricardo Luis. Analisis crítica de la autonomia privada contractual. *RDC,* São Paulo, n.14, p. 5-19, abr./jun. 1995.

———. *Fundamentos do direito privado.* São Paulo: Revista dos Tribunais, 1998.

LUCENA, José Waldecy. *Das sociedades limitadas.* Rio de Janeiro: Renovar, 2005.

MAC-DONALD, Norberto da Costa Caruso. Pessoa jurídica: questões clássicas e atuais (abuso – sociedade unipessoal – contratualismo). *Revista da Faculdade de Direito da Universidade Federal do Rio Grande do Sul,* Porto Alegre, v. 22. Porto Alegre, p. 300-376, set. 2002.

MARCONDES, Sylvio. Ensaio Sobre a Sociedade de Responsabilidade Limitada. São Paulo: Revista dos Tribunais, 1940.

———. *Problemas de direito mercantil.* São Paulo: Max Limonad, 1970.

MARINONI, Luiz Guilherme; MITIDIERO, Daniel. *Código de processo civil comentado artigo por artigo.* São Paulo: Editora Revista dos Tribunais, 2008.

———. *Técnica processual e tutela dos direitos.* São Paulo: Revista dos Tribunais, 2004.

———. *Tutela Inibitória (individual e coletiva).* 3ª ed., São Paulo: Revista dos Tribunais, 2000.

MARTINS, Fran. Sociedade por quotas no direito estrangeiro e brasileiro. Rio de Janeiro: Forense, 1960. 2 v.

MARTINS-COSTA, Judith. O adimplemento e o inadimplemento das obrigações do novo Código Civil e o seu sentido ético solidarista. In: FRANCIULLI NETO, Domingos; MENDES, Gilmar Ferreira; MARTINS FILHO, Ives Gandra da Silva (Coord.) *O novo Código Civil:* estudos em homenagem ao Professor Miguel Reale. São Paulo: LTR, 2003.

MARTINS-COSTA, Judith; BRANCO, Gerson Luiz Carlos. *Diretrizes teóricas do novo Código Civil brasileiro.* São Paulo: Saraiva, 2002.

MARTINS FILHO, Antônio. Limitação da responsabilidade do comerciante individual. *Revista da Faculdade de Direito de Porto Alegre,* Porto Alegre, v. 3, n. 1, p. 284-338, 1951.

MAZEAUD, Henri; MAZEAUD, Jean. *Leçons de droit civil.* Paris: Montchrestien, 1955. v. 1.

MELLO, Marcos Bernardes de. *Teoria do fato jurídico:* plano da validade. 4. ed. Rio de Janeiro, Saraiva, 2000.

MENDONÇA, José Xavier Carvalho de. *Tratado de direito comercial brasileiro* Atualização Ruymar de Lima Nucci. Campinas: Bookseller, 2001.

MITIDIERO, Daniel; MARINONI, Luiz Guilherme. *Código de processo civil comentado artigo por artigo.* São Paulo: Editora Revista dos Tribunais, 2008.

NEGREIROS, Teresa. *Teoria dos contratos:* novos paradigmas. Rio de Janeiro: Renovar, 2002.

NERY, Rosa Maria Barreto Borriello de Andrade. Aspectos da sucessão legítima. In: FRANCIULLI NETO, Domingos; MENDES, Gilmar Ferreira; MARTINS FILHO, Ives Gandra da Silva (Coord.) *O novo Código Civil:* estudos em homenagem ao Professor Miguel Reale. São Paulo: LTR, 2003. p. 1368-1383.

NORONHA, Fernando. Patrimônios especiais: sem titular, autônomos e coletivos. *Revista dos Tribunais,* São Paulo, n. 747, p. 11-34, 1998.

OLIVEIRA, Arthur Vasco Itabaiana De. *Tratado de direito das sucessões.* 4. ed. São Paulo: Max Limonad, 1953. v. 1.

OLIVEIRA, Carlos Alberto Alvaro de. *Teoria e prática da tutela jurisdicional.* Rio de Janeiro: Forense, 2008.

PEIXOTO, Carlos Fulgêncio da Cunha. *A sociedade por cotas de responsabilidade limitada.* 2. ed. Rio de Janeiro: Forense, 1958. v. 1.

PEREIRA, Caio Mário da Silva. *Instituições de direito civil.* 11. ed. Rio de Janeiro: Forense, 1997.

——.——. 12. ed. Rio de Janeiro: Forense, 1998. v. 6.

——.——. 16. ed. Rio de Janeiro: Forense, 1994. v. 1.

PERLINGIERI, Pietro. *O direito civil na legalidade constitucional*. Rio de Janeiro: Renovar, 2008.

PLANIOL, M.; RIPERT, G. *Traité pratique de droit civil français*. 2. ed. Paris: L.G.D.J., 1952-1965.

PONTES DE MIRANDA, Francisco Cavalcanti. *Tratado de direito privado*. 3. ed. Rio de Janeiro: Borsoi, 1970. v. 3.

——.——. 3. ed. Rio de Janeiro: Borsoi, 1970. v. 5.

——.——. 3. ed. Rio de Janeiro: Borsoi, 1972. v. 49.

——.——. 3. ed. Rio de Janeiro: Borsoi, 1965. v. 50.

——.——. 3. ed. Rio de Janeiro: Borsoi, 1972. v. 55.

——.——. 3. ed. Rio de Janeiro: Borsoi, 1972. v. 56.

——.——. 3. ed. Rio de Janeiro: Borsoi, 1972. v. 57.

RÁO, Vicente. *O direito e a vida dos direitos*. 5. ed. anot. e atual. por Ovídio Rocha Barros Sandoval. São Paulo: Revista dos Tribunais, 1999.

REALE, Miguel. *Lições preliminares de direito*. 22. ed. São Paulo: Saraiva, 1995.

——. *Nova fase do direito moderno*. São Paulo: Saraiva, 1990.

REQUIÃO. Rubens. *Curso de direito comercial*. 22. ed. São Paulo: Saraiva, 1995.

RIZZARDO, Arnaldo. *Direito das sucessões:* Lei nº 10.406 de 10.01.2002. 2. ed. Rio de Janeiro: Forense, 2005.

ROPPO, Enzo. *O contrato*. Coimbra: Almedina, 1988.

——. *Responsabilitá patrimoniale*. In: *Enciclopedia del diritto*. Milano: Giuffrè, data. v. 39, n. 2.

SILVA, Clóvis Veríssimo do Couto e. *A obrigação como processo*. São Paulo: José Bushatsky, 1976.

——. *O conceito de empresa no direito brasileiro*. Separata: Estudos em memória do professor doutor Paulo Cunha. Lisboa, 1989.

——. *O Direito Privado brasileiro na visão de Clóvis do Couto e Silva*. Organização Véra Maria Jacob de Fradera. Porto Alegre: Livraria do Advogado, 1997.

SILVA, Luis Renato Ferreira da. A função social do contrato no novo Código Civil e sua conexão com a solidariedade social. SARLET, Ingo Wolfgang (Org.) *Novo Código Civil e a Constituição*. Porto Alegre: Livraria do Advogado, 2003.

TEIXEIRA, Egberto Lacerda. *Das sociedades por quotas de responsabilidade limitada*. São Paulo: Max Limonad, 1956.

TEPEDINO, Gustavo. *A parte geral do novo Código Civil*: estudos na perspectiva civil-constitucional. Rio de Janeiro: Renovar, 2002.

VAMPRÉ, Spencer. *Tratado elementar de direito commercial*. Rio de Janeiro: F. Briguiet, 1923. v. 1.

VELOSO, Zeno. Do direito sucessório dos companheiros. In: DIAS, Maria Berenice; PEREIRA, Rodrigo da Cunha (Coord.) *Direito de família e o novo Código Civil*, 3. ed. rev., atual. e ampl. Belo Horizonte: Del Rey, 2003. p. 277-294.

——. *Invalidade do negócio jurídico*: nulidade e anulabilidade. 3. ed. São Paulo: Revista dos Tribunais, 1994.

——. Parte Especial: do Direito das Sucessões. In: AZEVEDO, Antônio Junqueira (Coord.) *Comentários ao Código Civil*. São Paulo: Saraiva, 2003. v. 21: arts. 1.857 a 2.027.

——. Testamentos: noções gerais e formas ordinárias. In: FRANCIULLI NETO, Domingos; MENDES, Gilmar Ferreira; MARTINS FILHO, Ives Gandra da Silva (Coord.) *O novo Código Civil*: estudos em homenagem ao Professor Miguel Reale. São Paulo: LTR, 2003. p. 1384-1409.

VENTURA, Raúl. *Dissolução e liquidação de sociedades*. Coimbra: Almedina, 2003.

WALD, Arnoldo. *Direito das sucessões*. 12. ed. São Paulo: Saraiva, 2002.

——. Do direito de empresa. In: TEIXEIRA, Sálvio de Figueiredo (Coord.) *Comentários ao novo Código Civil*. Rio de Janeiro: Forense, 2005. v. 14, t. 2.

Impressão:

Evangraf
Rua Waldomiro Schapke, 77 - P. Alegre, RS
Fone: (51) 3336.2466 - Fax: (51) 3336.0422
E-mail: evangraf.adm@terra.com.br